「われは只万有への慈悲として、
あなたを遣わしただけである」

聖クルアーン第21預言者章107節

イスラームの預言者

# イスラームの預言者ムハンマド

道徳にもとづいたイスラーム文明の
伝記・写真図解ガイド

第1版

出版元：Osoul Center
イスラミック科学研究アカデミー・オーストラリア

著作権©サム・ディーブ　2016年
無断複写・転載を禁じます。本書のいかなる部分も著者の了承なく
複写・転載することを禁止します。

印刷・製本：KHTプレス、クウェート
表紙デザイン：テイラー&トグロウ

問い合わせ
info@tokyocamii.org
muhammadpocketguide@gmail.com
info@uma.org.au
www.guidetoislam.com

ISBN : 978 - 098 - 7589 - 17 - 0 L.D. No.: 1443 / 5627
第一版1刷　2016年2月

# お断りと
# 大切なお知らせ

ムスリム（イスラーム教徒）がムハンマドの名前に言及するとき、彼に敬意を表して「彼の上に平安あれ」、英語では短縮してpbuhと付け加えることが宗教上の礼儀とされています。アラビア語ではそれを（ﷺ）と言います。

しかし、この本はムハンマドの要約ポケットガイドであり、ムハンマドの名前が頻出するため、スペースを割愛する意味で、またムスリム以外の読者にも読みやすいように配慮し、多くの箇所でこの言葉が省かれています。ご了承ください。

ムスリムは、宇宙そして万物を創造した唯一の神を信仰しています。彼の名前はアッラーです。
このポケットガイドで神あるいは主と述べられるとき、それは崇高なるアッラーを意味しています。ヘブライ語では神は「エロヒム」、アラム語では「エラー、アラハ」と呼ばれています。イスラームの信仰では、神は「神聖」、「唯一」、「平和（アラビア語でアル＝サラーム、ヘブライ語でシャローム）といった多くの特性を持っています。ムスリムは神のことを「最も崇高にして最も慈悲深い」と称しています。

また神（アッラー）の名前が記されている出版物を清潔で適切な場所に保管することが宗教の理由から求められています。

マッカ（Mecca）の町は、よくMakkahと綴られます。それは旧約聖書でベッカ（Becca）と記されているバッカ(Bakkah)の谷に位置していたからです。またマディーナの町は、アラビア語で「アル＝マディーナ・アル＝ムナッワラ」と呼ばれ、それは「光輝ける町」という意味です。

このポケットガイドに掲載されている情報は、可能な限り信頼できる資料を情報源としています。読者の方がたからのご意見、ご感想は下記のアドレスへEメールでお寄せください。

info@muhammadpocketguide.com

「私とそれ以前の預言者たちの関係を例えると、
ある人が家を立て、美しく素晴らしく仕上げたが、
一箇所だけレンガが積み残されていました。
人びとはその家を見て、その素晴らしさを
称賛しながらも、積み残された
最後の一枚のレンガがそこに積まれていたならば
なんと壮麗であっただろう！と言いました。
そう、私こそがそのレンガ、最後の預言者なのです」

ムハンマド
（彼の上に平安あれ）

（ブハーリーによる伝承　4.734、4.735）

# 著者のことば

私は、世界の何百万人もの人びとを対象に、森羅万象の創造者である唯一神へ帰依するよう説いた人物についてのポケットガイドを編集する時間と能力を与えられたことを、光栄に思っています。

ムハンマド（彼の上に平安あれ）は自らを神の使者としました。彼は生涯をその崇高なる目的遂行のために費やし、彼以前の時代に使わされたすべての預言者・使者からなる美しい建物を完成させるべく、自分は最後の一枚のレンガだと謙虚に語りました。

預言者ムハンマドは、彼以前に使わされたすべての預言者や使者たちに敬意を払いました。アブラハムについては、彼は数多くの預言者の祖先であり、唯一神アッラーが彼を信仰するための場であるカアバ神殿を構築することを命じられた方であると認識していました。

ムハンマド（ﷺ）は預言者モーセについては、神の使者であり、イスラエルの民に「導きの書」をもたらした預言者であると認識していました。またムハンマド（ﷺ）はイエスについても認識しており、彼はこの地球の終末の一日前に降臨し、悪との戦いを終焉させ、一神教の信仰者たちを団結させるすべての信仰者にとっての吉報であると話しました。ムハンマド（ﷺ）は偽の救世主について警告を発しており、イエスが復活するときには偽の救世主に惑わされることなく、イエスに従うよう求めています。

神の啓示を受けてから23年間で、ムハンマド（ﷺ）はアラビア半島の人びとを唯一神への信仰へ呼び戻すという大義に成功しました。また、唯一神アッラーを崇拝する場としてのカアバ神殿を本来の目的にもどすため、多くの偶像や多神教たちを排除しました。

このポケットガイドの記述・編集にあたり、私はたいへん有意義な時間を過ごすとともに、かけがえのない作品を完成させるためには多くの時間と献身が必要だということを学びました。

このポケットガイドは、わかりやすい言葉と写真、イラストなどを多用し、読みやすさを重視しています。それは、このポケットガイドが預言者ムハンマドと、イスラーム文明繁栄の礎となった彼の教えに興味を持つ人びとを対象に書かれているからです。

読みやすさ、参照のしやすさのために、本書では章ごとにタイトルとともに色分けしています。第1章はイスラーム教徒ではない思想家・作家のムハンマドについての証言、続いてムハンマド（ﷺ）の物語へと続きます。

預言の章では、ムハンマドの預言者としての生涯と他の預言者たち、特にアブラハム、モーセ、キリスト（彼らの上に平安あれ）との関係についての説明があります。

また世界中から集められたイスラーム芸術、アラビア文字の書道、そして建築をテーマにした章も用意しました。

この本の出版にあたり、ファリード・アル・アリー氏を始め、ご協力をいただいたすべての芸術家・書道家の方がたに深く感謝しています。彼らの貢献によって、このポケットガイドの内容がより充実しました。また、貴重なご助言をいただき、ご支援いただいたムハンマド・ディーブ・アブドゥル・ラッザーク氏、ヌリア・ガルシア・マシップ氏、ピーター・ゴウルド氏、シリール・ボウジー氏、メフメット・オザルプ氏、ラミ・カラウィ氏、ザカリア・マゼウ博士に感謝いたしたいと思います。

最後に、様々な情報や歴史的データ、写真を提供して下さったサウデジアラビアのアル・マディーナ研究調査センターに心より感謝申し上げます。

サム・ディーブ博士

ⓒ جمعية الدعوة والإرشاد وتوعية الجاليات بالربوة ، ١٤٤٣هـ

*فهرسة مكتبة الملك فهد الوطنية أثناء النشر*

مركز اصول
نبي الإسلام محمد صلى الله عليه وسلم باللغة اليابانية. / مركز اصول - ط١. .- الرياض ، ١٤٤٣هـ
٢٧٤ ص ؛ ..سم

ردمك: ٥-٧٥-٨٣٥٢-٦٠٣-٩٧٨

١- السيرة النبوية أ.العنوان
ديوي ٢٣٩ ١٤٤٣/٥٦٢٧

**رقم الإيداع: ١٤٤٣/٥٦٢٧**
**ردمك: ٥-٧٥-٨٣٥٢-٦٠٣-٩٧٨**

(ملاحظة): لا يتم طباعة الجزء الأسفل مع بطاقة الفهرسة

تأمل مكتبة الملك فهد الوطنية تطبيق ما ورد في نظام الإيداع بشكل معياري موحد ، و من هنا يتطلب تصوير الجزء الاعلى بالأبعاد المقننة نفسها خلف صفحة العنوان الداخلية للكتاب ، كما يجب طباعة الرقم الدولي المعياري ردمك مرة أخرى على الجزء السفلي الأيسر من الغلاف الخلفي الخارجي .
**و ضرورة إيداع نسختين من العمل في مكتبة الملك فهد الوطنية فور الانتهاء من طباعته، بالإضافة إلى إيداع نسخة الكترونية من العمل مخزنة على قرص مدمج (CD) وشكرا ،،،**

# 目次

اقرا باسم ربك
الذي خلق
خلق الانسان
من علق
غار حراء

中央にドームが設けられたモスク上部に見えるのは、ムハンマドという単語をアラビア語で書き表したものです。ドームのように見える部分がムハンマドの「ハ」となっています。モスクの形の下にあるのは、神の使者という意味の「ラスールッラー」というフレーズです。
周りにある八角形は、ムハンマドという単語をアラビア書道の別のスタイルで、6回繰り返して書いたものです。

*プラスチック芸術家ファリード・アル・アリー氏からの寄贈*

*「ムハンマド」という単語は、アラビア語でその善行を高く、頻繁に、そして繰り返し褒め称えられる者を意味し、ゆえに称賛に値する者を指します。*

第1章

# 推薦のことば

## ジョン・アデア

トリノ国連システム・スタッフ・カレッジ（UNSSC）リーダーシップ学教授。『指導者としてのムハンマド』の著者

イスラームの考えでは、理想的なリーダーとは高潔な精神の持ち主であると同時に、謙虚にして洞察力と直感力に優れ、なおかつ人びとに献身的に奉仕する者である。この書物を読み進めていただければ、ムハンマドがこの理想像にどれほど近い人物であるかがわかっていただけると思う。この本での私の論点は、そうしたイスラームのリーダーシップの理想像が一般のリーダーシップの条件と見事に一致し、それがムハンマドの生涯において何度も垣間見られるということである。

## ウィリアム・モンゴメリー・ワット

（1909-2006）

スコットランドの歴史学者。エディンバラ大学アラブ・イスラーム学名誉教授。『マッカのムハンマド』（オックスフォード、1953、P52）の著者。

彼の信仰に対する迫害にも立ち向かい、彼を信じリーダーとして尊敬した高徳の人びと、そして彼の功績の偉大さ、すべてが彼の根源的な無欠性を証明している。西洋における評価はあまりにも低いが、ムハンマドほど偉大な人物は他にはいない。

## マハトマ・ガンディー

(1869-1948)
インド独立の政治的・精神的指導者

何百万人もの人びとに影響を与え、その心を掴んで離さない最も優れた人物はどのような人物なのか、私は知りたかった。そして彼の生涯をかけた闘いの中で、イスラームの地位を勝ち得たのは剣ではなかったのだ、との確信はさらに強くなった。それは厳格にして簡素、ムハンマドの絶対的な謙虚さ、彼の誓約に対する慎重な思考、教友と信者たちへの献身、神から自身に課せられた使命への恐れることなき完全な信頼によるものだった。私は彼の伝記の二巻目を読み終えたとき、彼の偉大な人生についてもうこれ以上知ることができないと思い、とても残念であった

## アルフォンス・ド・ラマルティーヌ

(1790-1869)
フランスの詩人、作家、政治家。『Histoire De La Turquie 』(パリ 1854, Vol. Ii, Pp. 276- 277) の著者

哲学者、演説家、伝道者、立法者、戦士、知識の征服者、偶像を持たない宗教の合理的な教義への修復者、地球上の20もの王朝そして1つの信仰という魂の帝国を築いた者、それがムハンマドである。人間の偉大さを量るべく、すべての尺度を以ってしても、果たして彼よりも偉大な人物はいるだろうか、と問いたい。

### ウィリアム・デュラント

(1885-1981)
アメリカの歴史家、哲学者。『文明の物語』(第4部、第4巻、P 25) の著者

彼の"高く称賛される者"という意味の名前が、彼の到来を預言する聖書の一節に明確に記されていた。ムハンマドは決して自ら筆をとることはなく筆記者を用いていた。彼が非識字者であったことは、アラビア語で最も高名かつ雄弁な「書」を構成（彼にくだされたクルアーンを人びとへ伝達）することにおいて、また高等教育を受けた者たちでも習得するのが困難な人びとの掌握術を会得することの妨げとはならなかった。

***注釈：筆記者という言葉は、命令を受けて筆記する者のことを言います。ウィリアム・デュラントは「創作する」という、クルアーンがアッラー（森羅万象の神）から大天使ガブリエルを通じてムハンマドに下されたと信じるイスラーム的観点で受け入れられない言葉で、これを表現しました。***

### ヨハン・ヴォルフガング・フォン・ゲーテ

(1749- 1832)
ヨーロッパの偉大な詩人。『Noten und Abhandlungen zum Weststlichen Dvan』(WA I, 7, 32) の著者

彼は詩人ではなく預言者であり、よって彼のもたらしたクルアーンは、人類が教育や娯楽のために作り上げた書物ではなく神の法だとみなすべきである。

## トーマス・カーライル

（1795-1881）
スコットランドの歴史家・哲学者。『英雄と英雄崇拝、そして英雄の歴史』の著者

**たった一人の男が、どのようにして、戦いに明け暮れていたいくつもの部族や遊牧民たるベドウィンたちを、20年ほどの間に一つに束ね、最も力強くかつ高度に文明化した国家へと発展させることができたのであろうか。**

***注釈：トーマス・カーライルは歴史上の人物を座標として表し、人間の知性の発達を図として表すことを試みました。その著書の"預言者としてのヒーロー"と題した章の中でカーライルは、ムハンマドに特別な地位を与えました。また、彼は作品の中でヘーゲル派哲学改革者として、ムハンマドを熱狂的に擁護するべく称賛の意を表明しています。***

## レヴェレンド・レジナルド・ボスワース・スミス

（1839-1908）『ムハンマドとムハマダニズム』（ロンドン1874、P92）の著者

**「国家の長でありモスクの長、かつ支配者そして教祖的存在であったが、自ら教祖であると主張することなく、長のように軍団を持たず、常備軍を持たず、護衛も置かず、王宮も決まった収入すら持たなかった。もし聖典のもとに統治したという権利が誰かにあるのなら、それはムハンマドのことであろう。あれだけの力を法的文書やその支えなしで持っていた。彼は力を得ることに執着しなかった。彼の公人としての生活は私生活と同様に質素なものであった」**

## レフ・トルストイ

(1828-1910)
帝政ロシアの著名な小説家・作家。『戦争と平和』の著者

ムハンマドが社会の改革に積極的に取り組んだ最も偉大な改革者の一人であることは疑いのないところである。彼は人びとを真実に目覚めさせるよう導き、社会の安定と平和をもたらし、流血や犠牲者が出ることを防いだこと（イスラーム以前のアラビアでこのような動きは見られなかった）だけでも、彼をこう言い表すのに十分だ。彼は人びとに文明と発展の扉を大きく開いた。これは力ある者のみが成し得る偉業であり、彼のような人物こそが尊敬と称賛に値する。

## モーリス・ブカイユ

(1920-1998)
フランス人医師、専門は胃腸学。フランスのエジプト学会員。『聖典クルアーンと科学』の著者

イスラームは、神は人間に自己判断できるだけの才能を与えたと教えている。つまり、人間は物事を客観的かつ組織的に判断することを求められる。ムハンマドの時代における知識レベルの観点から、科学的事実と関連性のあるクルアーンの記述の多くは、人間の手によるものであると結ぶにはあまりにも無理がある。クルアーンの全体を客観的に検証してみると、現代知識の観点から見て、クルアーンに書かれている事象と科学的事実が一致しているという結論に行き着く。

# 預言者の人柄

預言者ムハンマドの特性を描いた描写／ムハンマドの身近にいた教友たちによって報告されている、その人柄と特性が書き記されています。

# 預言者ムハンマドの人柄



イスラームではムハンマドや彼以前の預言者を描いた絵画や写真を有していません。しかしながらムハンマドは、彼の時代以前の預言者たちと異なり特筆されるべき歴史的人物です。これはムハンマドの教友たちや家族が、彼についての生涯にわたる出来事や逸話をたくさん記録として残しているためです。

## どのような容姿をもっていたか

ムハンマドは高潔なアラブの一族出身で、身長は平均より少し高く、薄赤みがかった色白の肌と、広い肩幅を持つ整った体格の持ち主でした。腹は胸よりも突き出ることはなく、いつもきびきびと歩いていた、と言われています。

また、教友たちによれば、鼻が高く、まつげが長く、黒く大きな眼を持ち、歯並びも良く整った顔立ち、こぼれるような笑顔の持ち主で、頭髪は軽くウェーブし、あごひげは濃かったようです。

さらに教友によれば、彼は親しみやすい雰囲気と満月のような顔立ちで、笑うときにも大声を出さず、かすかに白い歯がこぼれるくらいの笑顔だったそうです。そうした彼の明るく寛大な性格は、彼と接したすべての人びとに強い印象を残しました。

## 預言者の気質

ムハンマドの気質は常に明るく穏やかなで、礼儀正しかったとされています。攻撃的な話し方をしたり、品のない言葉を使ったりすることはありませんでした。また、人の性格の欠点を探したり、また反対に人を過度に称賛したりすることもありませんでした。

## 預言者の話し方

ムハンマドは必要のないことは話さず、話を長引かせることも極端に短かくすることもなく、いつでも的を射た話しぶりでした。彼の言葉は簡潔かつ的確で、少ない言葉の中に伝えたいことがしっかり入っていたといわれています。

何かを強調したいするときには、身ぶり手ぶりを交えて3度繰り返し、話すときには常に神からの報酬を念頭に置いていました。彼は教友たちにこう話しました。

「私は、たとえ自分が正しいとしても口論をしない者たちのために建てられた、天国の裾野にある家の管理人です。そして例えふざけていても嘘をつかない者たちのために建てられた、天国の真ん中にある家の管理人です。また、礼儀正しく振舞う者たちのために建てられた天国の最上部にある家の管理人でもあります」

## 感情の表し方

ムハンマドはとても上手に感情をコントロールすることができました。苛立ったときには顔を背けるか沈黙を保ちました。神の法を犯す者がいるときには怒りをあらわにし、毅然たる態度をとりました。神の真理に反する事柄に対する彼の怒りに立ち向かう者はいませんでした。彼はクルアーンの神の真理の正当性を相手が納得するまで断固として譲らず、誠実に説明しました。また、彼は自分の利益のために怒ることは決してありませんでした。

## 人との接し方

ムハンマドはいつでも自ら先に人びとに挨拶をし、握手した手は相手が離すまで離しませんでした。ムハンマドに会ったことのある人たちは誰もが彼を称賛・崇敬し、彼と交わり親しい関係にあった者は、誰もが彼を愛しました。彼は生まれもって寛大な性格であり、人に対し粗野に振る舞ったり批判的な態度をとったりすることはありませんでした。人びとを見るときには相手に顔を向け、人から声をかけられたときには顔を向けるだけでなく、全身で相手に向きあいました。

集まりの席に参加するときには、近くの空いている場所に座り、教友たちにもその習慣に従うように教えました。誰も他人が自より優遇されていると感じることがないよう、常にそばに座った者に十分な注意を払いました。特に決まった座る場所があるわけではなく、教友たちや人びとに対して公平に振る舞いました。なぜなら人間は神への善行と信仰心によってのみ区別されるからです。

## 生活習慣

ムハンマドは何をするにも、過度であったり強情をはったりすることはなく適度に行いました。用意された食べ物や飲み物について文句を言ったり、褒め過ぎたりすることはありませんでした。

家にいる間は時間を３分割し、神のため、家族のため、自分のために費やしました。家事にも積極的に協力し、必要があれば自分で服を繕い、靴を修繕し、床を掃き清めました。常日頃からこざっぱりした服装をし、良い香りを漂わせていました。

夜明け前の礼拝の後には、日が昇るまでモスク（礼拝所）に留まり、クルアーンを朗誦し、神を称える言葉を唱えることが好きだったようです。また真夜中を過ぎると、欠かすことなくタハジュードの礼拝に立ちました。

ムハンマドは人びとから寄せられた施しについて、いかなる理由があっても彼の家族が受け取ることは違法であると宣言しました。恵まれない人びとの生活の保護のためにムスリムたちから集めたザカートについてムハンマドは特に注意を払い、自分の家族をザカートの徴収官に任命することは決してありませんでした。

家は未焼成粘土の壁と、ラクダの皮で覆われたヤシの葉でできた屋根を持つ小屋にすぎませんでした。

ムハンマドは言いました；「どうして私が現世の事柄との繋がりを求めようか。私とこの世との関係を、例えればそれはしばらくの間木陰で休息する旅人のようなもので、私はすぐまた旅を続けるのです」（アブドゥッラー・ビン・アッバースの伝承による）。

彼が亡くなったとき、ムスリム共同体に残していく白いロバと小さな土地以外、何も残っていませんでした（ムスリムの真正集による）。

第3章

# 生涯

## 個人データ

| 名前 | ムハンマド ﷺ |
|---|---|
| 父親の名前 | アブドゥッラー、アブドゥル・ムッタリブの息子（祖先は預言者アブラハムの息子、預言者イスマーイール） |
| 家系 | ベニー・ハーシム家の出身（ベニー・ハーシム家はアラビア半島の名門部族クライシュ族に属する） |
| 生年月日 | 西暦570年４月22日 |
| 出生地 | アラビア半島のマッカ（現在のサウジアラビア） |
| 死亡日 | 西暦632年6月6日（63歳で逝去） |
| 亡くなった場所および埋葬場所 | マディーナ（マッカから450キロほど北方の町） |

## 生い立ち

| | |
|---|---|
| 誕生-2歳 | 預言者ムハンマドの父親は彼の誕生前に亡くなりました。彼には兄弟姉妹もいませんでした。母親は幼い彼を、当時のアラブの習慣であった母乳養育するために、マッカのハリーマという乳母のもとへ送り出しました。 |
| 2-6歳 | 西暦576年に母親のアーミナが亡くなるまで、ムハンマドは彼女とともに暮らしました。 |
| 6-8歳 | 孤児となったムハンマドは、祖父のアブドゥル・ムッタリブが亡くなるまで彼とともに暮らしました。 |
| 8-25歳 | その後、成長するまでムハンマドは父方の叔父で10人の子どもを持つアブー・ターリブとともに暮らしました。 |

## 教育

ムハンマドは読み書きができず、マッカ以外に住むこともなかったため、海外から知識を得ることもできませんでした。しかしムスリムたちは、ムハンマドが神からのメッセージであるクルアーンを、聖典として伝達されたと信じています。ムハンマドはクルアーンの一字一句を自分の言葉に変えることなく人びとへと伝達しました。

ムハンマドの言葉や教えは、クルアーンと混同されることはありませんでした。ムハンマドの言葉や教えは「預言者のスンナ」として編纂されています。スンナとは、預言者の言葉や行動、そして聖典（クルアーン）の内容を説明したものです。

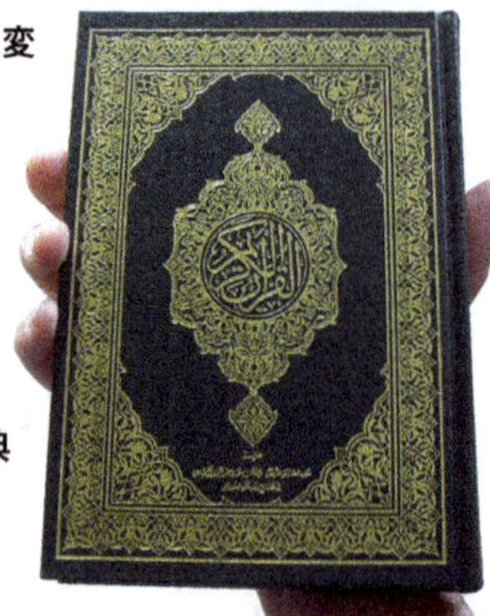

## 仕事

| | |
|---|---|
| 幼年期-20代半ば | 羊や山羊の世話をする羊飼いとして働く。その後、叔父アブドゥル・ムッタリブとともに交易関係の仕事に従事する。ハディースによると、ムハンマドが叔父とともに初めてシリアへ交易の旅に出たのは、12歳のときとされています。 |
| 20代半ば-40歳 | ハディージャという交易業を営む裕福な女性の下で商人として働く。ムハンマドはその人柄から**「アッサーディク・アミーン」**、すなわち「誠実で信頼のおける人」を意味する呼び名を与えられ、名だたる商人として知られるまでに、それほどの時間はかかりませんでした。 |
| 40-60歳 | 西暦610年、40歳のとき、ムハンマドは神からの啓示を受け、そのメッセージを全人類に伝えために人生を費やしました。彼は人びとに神の唯一性と聖典（クルアーン）に記されている平等、平和な社会の実現、相互扶助などを説きました。 |

# 結婚

## ハディージャとの25年間の結婚生活

ハディージャはフワイリドの娘でアサド家という貴族出身の女性でした。

ハディージャは未亡人でしたが、人びとから尊敬されている女性でした。ムハンマドは第三者を介して結婚を申し込まれるまでの2年間、彼女の下で働いていました。彼女はムハンマドが誠実で率直、道徳的な人物だと考えていました。

## 幸せな結婚生活

ハディージャはムハンマドよりも15歳年上でしたが、二人とも同じ階級の出身でした。結婚生活を営む上で、年齢差は障害とならず、ハディージャが65歳で亡くなる西暦619年までの25年間、二人は幸せな結婚生活をおくりました。

ムハンマドはハディージャの死後、再婚しました。

ムハンマドは
ハディージャを愛し、
どこまでも誠実でした。

ムハンマドはハディージャのことを、キリストの母マリアがその時代の最も優れた女性であったように、彼女の生きた時代で最も優れた女性であると表現したことがありました。
（ブハーリーの伝承による）

## 6人の子を持つ家庭的な男性

ムハンマドとハディージャは、仲むつまじく平穏な日々を過ごし、4人の娘たち（ゼイナブ、ルカイヤ、ウンム・カルトゥーム、ファーティマ）と2人の息子たち（3歳で亡くなったアル・カーシム、4歳で亡くなったアブドゥッラー）をもうけました。ムハンマドは自分の服の裁縫や子どもたちの面倒を見るなど、妻を助けいたわりながら過ごしました。

マディーナのムハンマド・モスクに隣接するバキー墓地から撮られた写真
ムハンマドの教友たち、妻たちや子どもたちが埋葬されています

ハディージャが埋葬されているマッカのアル・マアーラ墓地

# 23年の間で達成した使命

## 西暦610年

### 神からの啓示を受ける

ハムハンマドは初めて唯一神から啓示を受け、全人類へ向けての神の使者として任命されました。この使命には強い信仰、献身、責任感および誠実さが求められました。

## 西暦610-612年

### 中核となるムスリムたちの構成

ムハンマドは当初、身近な友人たち、地域社会の指導者たち、これはと思った人びとに対して、唯一伸を信じ、神から人類へ向けての最後のメッセージであるイスラームを受け入れるように招きました。ムハンマドが啓示を受けてから最初の3年間に約130人がイスラームを受け入れ、その人たちはイスラームを人びとに広めていくときの中核的存在となりました。この中には、裕福な者も貧しい者もいました。

## 西暦613-615年

### ムハンマドの布教へのいやがらせ

ムハンマドに従った人たちは、人びとの前でイスラームの教えを説き始めました。ムハンマドは正直で信頼のおける人物として知られていましたが、マッカの指導者たちはムハンマドを信じませんでした。彼らはムハンマドをただの詩人、あるいは魔術師、または狂った男だと中傷しました。

## 脅迫されムハンマドたちの上に危険が迫る

マッカの指導者たちは、人びとにイスラームを伝えないよう、ときには誘惑し、ときには脅してムハンマドへ警告を発しました。またムハンマドの話を聞いていた人びとに妨害を加えてきました。さらに新しくムスリムになった者に対しては敵意を表し、特に貧しく弱いムスリムたちに迫害拷問を加えてきました。

## 信者たちの一部をアビシニアへ

ムハンマドは信者たちと身近に接していました。彼はアル・アルカームと呼ばれた小さな学び舎で信者たちと会い、イスラームの価値や道徳について教え、人としての責任感や義務について少しずつ身に着けさせていきました。

だが日増しに強まっていった迫害によって苦しむ信者たちを目にし、彼らにアビシニアというキリスト教の王によって支配され誰もが公平に扱われている土地へ移り住むことをすすめました。

## 2人の重要な人物の入信

マッカの有力者で敬意を払われていた二人の人物、ウマル・ビン・アル＝ハッターブとハムザ・ビン・アブドゥル・ムッタリブ（ムハンマドの叔父）がイスラームを受け入れました。それはムスリムたちにとって大きな出発点となりました。ハムザは、西暦625年のウフドの戦いで亡くなるまで、ムハンマドの強力な支持者かつ保護者となりました。ウマルは、ムハンマドが亡くなってから3年後、２代目のカリフとなりその後の11年間、イスラーム国家を統治しました。

## 西暦616-618年

### ムハンマドの排斥

マッカの有力者たちは、ムハンマドと信者たちを3年間にわたって排斥し、社会的・経済的に弾圧を加えてきました。その間、ムハンマドと信者たちは酷い苦しみを味わいました。この3年間は彼らにとって、忍耐、信念そして真実への献身が試される、厳しい3年間でした。

## 西暦619-620年

### 悲しみの年

マッカの有力者たちは、ムスリムに対する社会的・経済的な制裁はあまり効果はないと判断し、それを止めました。

ムハンマドはマッカでの望みを失い、神からのメッセージをマッカの外の人びとへ伝達するとともに支援を求めることに決めました。そして彼はターイフという町へ赴きましたが、そこでも人びとの抵抗に遭いました。さらにムハンマドは20以上ものアラブの部族をイスラームへ招きましたが、どの部族からも良い返事を得ることはできませんでした。

## 西暦620-622年

### かすかな望み

ムハンマドはマッカ巡礼のときにヤスリブ（マッカから北に450キロ離れた町）からの6人に出会い、彼らにイスラームについて話しました。彼らはムハンマドを信じ、自分たちの一族のみならず、ヤスリブの他の部族をもイスラームに招待する意図をもってヤスリブへと帰っていきました。

## 新しいムスリム、ムハンマドに忠誠を誓う

ヤスリブの6人は翌年の西暦621年、他の6人とともに約束どおりマッカへ戻ってきました。そして彼らはムハンマドに忠誠を誓ったのです（ムハンマドを唯一神からの使者と認めるとともに、次のような約束をしました）。

1）唯一神アッラー以外のいかなる者をも崇拝しない　2）盗みをはたらかない　3）婚外交渉をしない　4）殺人をしない　5）隣人を中傷しない　6）神の使徒に背かない

彼らはヤスリブに戻ると、一族の長たちと人びとをイスラームへいざないました。彼らはさらに翌年の西暦622年の大巡礼の時期にもマッカに戻ってきました。そのときには70人ものの男性と二人の女性が同行しており、彼らもまたムハンマドに対して忠誠を誓いました。

## 新たなムスリム共同体がマッカの北450キロのところに生まれる

マッカの有力者たちは、ムハンマドと信者たちを3年間にわたって排
ヤスリブの二つの主要な部族の長たちがイスラームを受け入れ（アウス、カズラージュ）、その後彼らの支配下にある者たちがイスラームを受け入れました。ムハンマドは唯一神の預言者としてヤスリブに招待され、その地で統治者、そして指導者となったのです。

### 西暦622年

## マッカの支配者たちによるムハンマド殺害の企て、ヤスリブへの移住

マッカでの状況はさらに厳しくなりました。ムハンマドは、マッカのムスリムたちにヤスリブへ移住することを求めました。彼らの移住に続き、西暦622年の9月にムハンマドもヤスリブへと移住しました。その移住は、イスラームの歴史においてもっとも重要な出発点となりました。ヤスリブからイスラームは大きくその勢力を伸ばし、その後イスラーム国家が樹立され公平な社会が実現したのです。

### 西暦623-624年

## ムハンマド、ヤスリブの統治者に選ばれる

ヤスリブの住民はアラブ人とユダヤ人で成り立っていました。アラブ人には主要な二つの部族、ユダヤ人には三つの小さな部族がありましたが、アラブ人社会のほうがユダヤ人社会よりも大きいゆえ、アラブ人社会が統治力を持っていました。ムハンマドは唯一神の預言者として、多くの人びとによって異論なく平穏に統治者として選ばれました。

## 町の名前を多文化社会にふさわしいものに変える

ムハンマドはヤスリブを「マディーナ」という新しい名前にしました。

マッカのムスリムたちの移住以来、ヤスリブはもはや特定のアラブ系民族に属する町ではなく、イスラームを受け入れたすべての人びとの祖国となりました。

その後もヤスリブには、ユダヤ系の民族やイスラームを受け入れていないアラブ人たちがいたため、ムハンマドはそこをイスラームの町と呼ぶのではなく、代わりに「アル・マディーナ」、すなわち「町」を意味する名前を付け、すべての人びとに同等の市民権が与えられました。

## マディーナで平和と協調を呼びかける

ムハンマドはマディーナでの最初の公式の場での演説で、簡潔に社会の調和と統合を呼びかけました。彼は言いました。

> 人びとよ、平和を求め貧しい人びとに施しなさい。家族を大切にし、夜は礼拝に立ち神に祈りなさい。そうすれば神の満足を得ることができ、天国に入ることができるでしょう。

ムハンマドは、こうしたことを人びとに呼びかけ、互いに愛しあい平和と調和のとれた多文化共生社会を実現することが、神の御心にかなうことだと説いたのです。

## 西暦623-624年

### ムハンマドによって初の人権・自由を保障する法律・憲章が制定される

ユダヤ教徒の多くは最後の預言者がユダヤ人であることを望んでいました。それゆえ彼らは、ムハンマドが神の使者であること認めませんでした。ムハンマドは国家の長として人びとの人権・自由を保障する憲法を制定しました。アラブ系・ユダヤ系双方の部族たちがそれに同意し署名するにいたりました。

憲法はムスリム、ユダヤ教徒、またイスラームを受け入れなかったアラブ人たちすべての道徳的規範、信仰の自由を保障しました。それに加え、この憲法はすべてのマディーナ市民の安全を守ると同時に、誓約に署名したすべてのメンバーは、万が一マディーナが攻撃を受けたときには国家の防衛に参加することが定められました。また憲法には正義や人権、自由や道徳的規範に反する行い、さらには犯罪を禁じる内容などが盛り込まれていました。

## 西暦624年

### 不可避だったバドルの戦い

ムスリムたちがマッカからマディーナへ移住した後、彼らが所有していた家や財産は没収されてしまいした。マッカの首長たちは没収

バドルの地

したムスリムたちの財産を売り払ってしまいました。ムスリムたちはアブー・スフィヤーン率いるマッカの首長たちが所有する交易の隊商が、マディーナ近くの隊商路を通ることを知っていました。

ムハンマドはムスリムたちに対し、マッカで没収された財産の見返りに隊商をとらえるようにと指示し、313人のムスリムから成る軍がその任務に向かいました。そのことを知ったマッカのアブー・スフィヤーンは、隊商の交易ルートを変えるようにとの指示を出し950人の兵士から成る軍をムスリム軍相手に戦うために派遣しました。ムスリムたちは戦いに備えておらず、数においても装備においてもマッカ軍におよびませんでした。

しかし驚くべきことにムスリム軍は、その初めての戦いでマッカの首長たちを相手に勝利を収めたのでした。この戦いで多くのマッカの首長たちが戦死しました。

## 西暦625年

## マッカの首長たちの反撃、ウドフの戦い

バドルの戦いの報復として、またアラビア半島における指導者的立場を失うことを恐れて、マッカの首長たちと同盟軍は、ムスリムたちと戦うため3000人もの兵士を率いてマディーナの北方にあるウフド山で戦いを挑んできました。

ウフドの地。マディーナ・サウジアラビア

この戦いでムスリム軍は敗れムハンマドも負傷しました。ウフドの戦いでは、ムハンマドの敬愛する叔父ハムザを含む何人もの教友たちが命を落としました。

ウフドの戦いの犠牲者。ウフド墓地・サウジアラビア

### 西暦626年

## マッカ軍の襲来、塹壕の戦い

この戦いは「共謀の戦い」とも呼ばれています。マッカの首長たちは、前回の戦いでムハンマドを殺害することができなかったため、改めてアラブ系やユダヤ系の諸部族を統合しムハンマドの殺害、ムスリム共同体の殲滅を呼びかけました。

1万人もの兵士がマディーナに向けて進撃してきました。ムハンマドは教友たちとの話し合いの後、サルマーンというペルシャ人ムスリムの提案を受け入れ、マディーナの町の北側に長さ5.5キロ、幅4.6メートルにもおよぶ塹壕を掘ることを決断しました。

ムスリムたちにとって最悪の状況でしたが、彼らはムスリム共同体の防衛のため心理戦などを駆使し全力で戦いました。一ヵ月にもおよぶ攻防戦の後、マッカ軍が長引く戦いに苛立ち始めていたところに大きな嵐が到来し、マッカの連合軍はテントを撤収して引き上げざるを得なくなったのです。

### 西暦627年

## フダイビーヤの協定、10年間の休戦

10年の休戦

塹壕の戦いの1年後、ムハンマドは平和的にウムラ（マッカのカアバ神殿を訪れ宗教儀式を行うこと）を挙行しました。崇拝のためにマッカを訪れることはアラビア半島に住む人びとに与えられた宗教的権利でした。

マッカの首長たちにとって、ムハンマドが1400人ものムスリムたちを引き連れてマディーナからマッカへとやってきたことは驚きでした。

交渉の後、マッカの首長たちとムハンマドの間で10年間にわたる休戦の合意に至り、ムハンマドとその教友たちは翌年（西暦628年）もまたマッカを訪れることを条件に帰っていきました。
しかし、この休戦の条件にはマッカ側に有利な内容が多く含まれており、ムスリムにとっては納得のいくものではありませんでした。

## 西暦628-629年

## 休戦中ムハンマドはアラビア半島各地へイスラームのメッセージを伝える

休戦はムハンマドにとって、誰にも妨げられることなく自由にイスラームを伝えることができる絶好の機会となりました。

ムハンマドはアラビア半島のアラブ系の部族へ派遣団を送り、唯一神へと招くメッセージを書いた手紙を支配者や王宛てに送りました。その中には当時の大国ペルシャやビザンチン、またエジプトも含まれていました。こうしたことを契機として、イスラームに真実を見出した人びとが急速に増えていったのです。

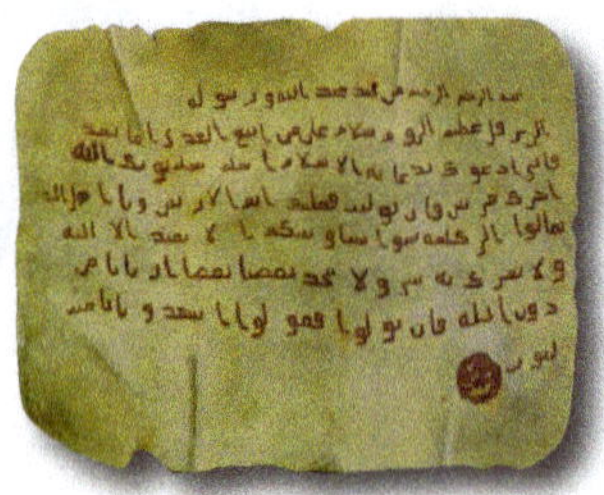

## 西暦630年

### 平和的に行われたマッカ進軍

2年間の休戦条約はマッカ軍によって20人のムスリムが殺害されるという出来事によって破られました。

この悲しい出来事に応じる形でムハンマドはマッカを征服するため、1万人のムスリムから成る軍をマッカへと進めました。だがそのとき相手側が攻めてくるまで戦わないようにとの指示を出していました。

マッカの首長たちにとってこの進軍は予想外であったため、彼らはムスリムを相手に戦う準備ができておらず大混乱に陥りました。ムスリム軍がマッカに到着したとき、ムハンマドはマッカの人びとに対して神の唯一性、人間は誰もがアダムの子孫であること、アダムは泥と土によって造られ、そして勝利は神の下にのみあることなどを演説しました。

その後、ムハンマドはマッカの住民たちに「あなた方が私に望むものは何ですか」と尋ねました。すると彼らは、「私たちが望むのは最善の結果です。あなたは私たちに慈悲深い兄弟のように、礼儀正しい従兄弟のように接してくださいました」と言ったのです。

## 寛容さのお手本

21年間もの間マッカの首長たちに苦しめられたにもかかわらず、ムハンマドは終始寛容さでもって彼らと接しました。ムハンマドは「恐れることは何もありません。あなた方は自由です、さあ家に帰りなさい」と伝えました。この言葉は強く人びとの心を揺さぶり多くの人びとが彼に誓いをたて、イスラームへ改宗しました。

## 西暦630-631年

## アラブ系部族たちのイスラームへの入信る

ムハンマドが平和的にマッカにおける地位を受け継いだ後、アラビア半島の各地からイスラームを学びたいと多くの派遣団が送られてきました。フナインの戦いでムスリムと戦い敗れたハワーゼン族を除くほとんどのアラブ系部族がイスラームへと入信しました。ムハンマドは「唯一神からのメッセージ」であるイスラームを教え広めるため、さらに多くの教友たちをアラビア半島の各地域へと送り出しました。

ムハンマドがマッカに帰還してきた目的の一つに神の家の浄化がありました。彼は預言者アブラハムによって建てられたカアバ神殿の周囲に置かれたさまざまな神を称える偶像を破壊していきました

西暦632年

## ムハンマドの別れの説教

ムハンマドの人生に課せられた大きな仕事は成就し、彼の人生は終わりに近づいていました。西暦632年にムハンマドは巡礼を行い10万人ものムスリムたちの前で最期の説教を行いました。

その説教の中でムハンマドは唯一の神への信仰、人の命の尊厳、富や財産の保障、人間の平等、社会正義の実現、女性の権利や生きていく上での道徳的規範などイスラームの基本的な教えを再度説きました。それは別れの説教と呼ばれています。

## ムハンマドの死

西暦632年、ムハンマドはマディーナの自宅にて最後の時を迎えました。彼の手元にはほんの少しの持ち物しか残されていませんでした。ムハンマドは富や財産は残しませんでしたが、今なお多くの人びとの心を啓蒙し続ける神への信条を全人類への財産として残したのです。

失敗するは人間、寛容なのは神なり　アレキサンダー・ポープ

マッカの山々（サウジアラビア）

ヒラーの洞窟があるヌール山を望む

サウジアラビアのマッカにある聖モスク（マスジド・アル=ハラム）を上空から撮影

**サウジアラビアのマッカにある聖モスク**（マスジド・アル・ハラム）
イスラーム世界で最も神聖なモスクです。その中央にある黒い立方体の建物はカアバ神殿と呼ばれ、人間が神の栄光を讃え崇拝するために、アッラーが預言者アブラハムに構築することを命じたものだとムスリムたちは信じています。ムスリムは世界のどこにいようとカアバ神殿の方角に向かって礼拝を捧げます。

**サウルの洞窟**
**ムハンマドと教友アブー・バクルがマディーナへ移住するとき、最初の3夜を過ごした洞窟**

ハディース（真正伝承）によると、ムハンマドと教友のアブー・バクルはマディーナへの移住のとき、大きな岩の近くで休憩したと伝えられています。この大きな石は彼らの旅路の途上にあったため、おそらくこれがその石であろうと考えられています。

クバー・モスク：世界最古のモスクで、マディーナの預言者モスクから南へ8キロのところに位置しています（マディーナ・サウジアラビア）。

クバー・モスク（マディーナ・サウジアラビア）

バドルの町の風景

バドルの戦いのときクライシュ族の軍が幕営した場所

バドルの戦いが行われた場所。
ムハンマドと教友たちの幕営地

バドルの戦いが行われた場所

ウフド山の全景

ウフドの戦いが行われた場所。ここから弓形の山と殉教者たちの墓を見わたすことができます。ここにはムハンマドの最愛の叔父ハムザを含む70人もの教友たちが埋葬されています。

# 塹壕の戦いの場所

ウフド山

塹壕が掘られた場所

シラー山

ワケム・ハッラ
（火山地帯）

マディーナ

ワブラ・ハッラ
（火山地帯）

**当時のマディーナの町の想像図。家々やナツメヤシの木々に囲まれた預言者モスク（ナバウィー・モスク）。**
（サウジアラビアのマディーナ・リサーチ＆スタディー・センター提供）

預言者モスクの変遷

故アブドッラー・ビン・アブドルアジーズ・アル・サウード王によって預言者モスク（ナバウィー・モスク）の増築が行われました。

故ファハド・ビン・アブドゥルアジーズ・アル・サウード王によって預言者モスク（ナバウィー・モスク）の大幅な増改築が行われました。

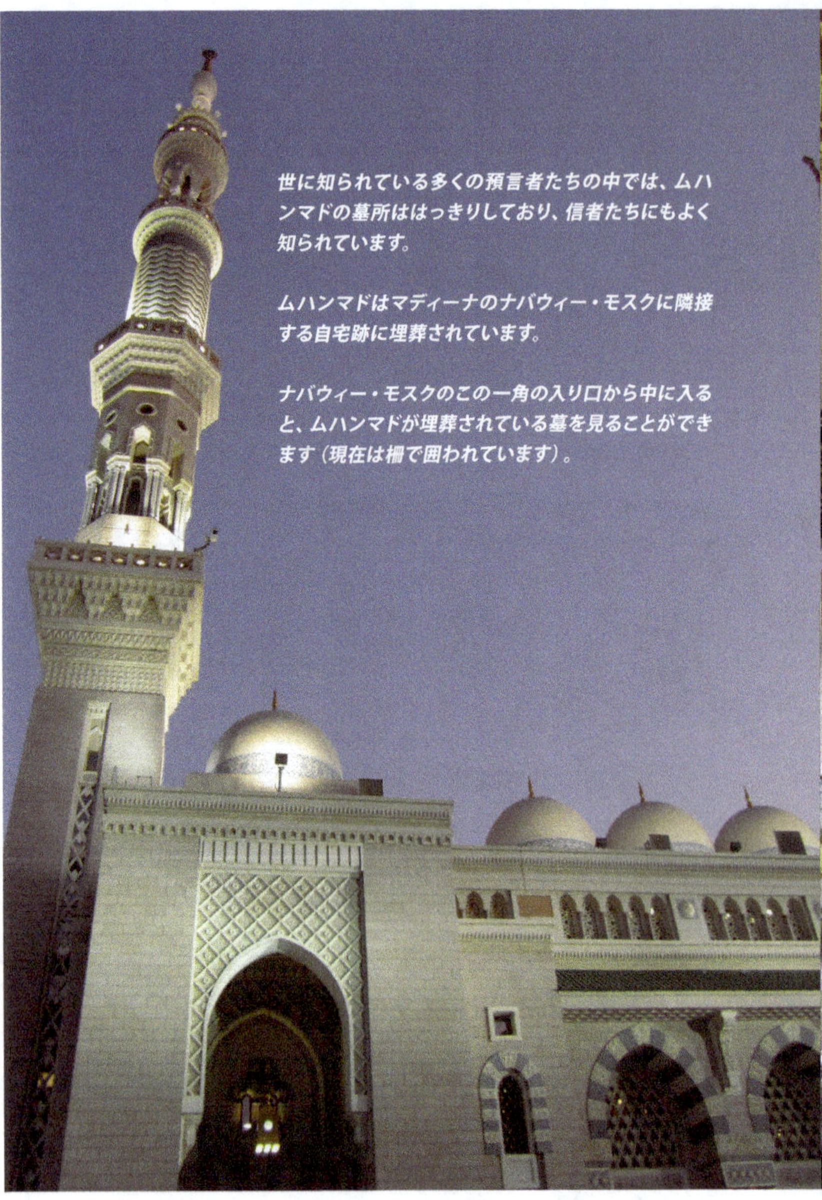

世に知られている多くの預言者たちの中では、ムハンマドの墓所ははっきりしており、信者たちにもよく知られています。

ムハンマドはマディーナのナバウィー・モスクに隣接する自宅跡に埋葬されています。

ナバウィー・モスクのこの一角の入り口から中に入ると、ムハンマドが埋葬されている墓を見ることができます（現在は柵で囲われています）。

預言者ムハンマドの墓所にいたる通路 ﷺ

ナバウィー・モスクのムハンマドの墓（一番左） その隣には初代カリフ、そして
イスラーム国家の指導者であったアブー・バクル・アル＝シッディークと二代目
のカリフのウマル・ビン・アル＝ハティーブが埋葬されています。

ナバウィー・モスク（預言者モスク）—
ヌシャアド・アリー氏による寄贈

## 注釈

1. ムハンマドは西暦571年に生まれたとされる伝承もあります。

2. ムハンマドとハディージャの結婚生活は24年と数カ月続いたとする伝承もあります。

3. クルアーンは唯一無二であり、ムハンマドに正則アラビア語で下されたものです。現在ではクルアーンの章句は英語、フランス語、中国語、日本語をなどさまざまな言語に翻訳されています。

4. ターイフでムハンマドが襲撃されたころ、イスラームは最悪の状況に落ち入っていました。ターイフを去るムハンマドは大きな失望の中にありながら、ひたすら神に祈りを捧げていました。

5. アカバ・モスク、別名アル＝バイアア（誓い）モスクはアッバス朝のカリフ、アブー・ジャーファル・アル・マンスールによって建てられています。この場所はマディーナからの人びとがイスラームに入信し、ムハンマドに忠誠を誓った場所だとされています。

6. 小さなムスリム共同体の一員はマディーナに移住することができなかったためマッカに留まりました。

7. イスラーム暦はムハンマドがマッカからマディーナへ移住したとき（西暦 622年9月13日頃）に始まります。

# ムハンマドの神への祈願

おおわが主よ、私はあなたにこそ自らの弱さ、
無力さ、屈辱を打ち明けます。

もっとも慈悲深き御方よ、
あなたは弱いとみなされた者の支持者、
私の支持者であられます。

あなたのほか、誰におすがりできましょう。
遠く離れた私を不快に思う者や
私が身をゆだねたお方の敵にすがることなどできません。

あなたが私に気を悪くされない限り、
私が悲しむ理由などありません。

あなたの光によって暗闇は明るく照らされ、
あなたの光の中で現世と来世が
ともに正しく定められるのです。

# 預言

書道家の佐川信子氏によるアラビア書道

「われは、全人類への吉報の伝達者また警告者として、
あなたを遣わした。だが人びとの多くは、それを分からない」
(聖クルアーン第34章28節)

ヌール山
マッカ（サウジアラビア）

# 預言者ムハンマドと神の啓示



## ムハンマドは自分が預言者になるであろうということを知らなかった

ムハンマドは道徳的な生活を送り、誠実さにあふれ、信頼できる人物として知られていました。多神教が支配的な社会で偶像崇拝が蔓延していたにもかかわらず、偶像を崇拝するようなことは決してありませんでした。

彼はこの世のすべては唯一の神によって創造され、支配されているとかたく信じていました。彼はマッカから西へ4キロほど離れた洞窟（海抜634メートル）で、しばしば神を黙想していました。

その洞窟は「ジャバル・アル＝ヌール」（ヌール山）と呼ばれる山のヒラーの洞窟として知られていました。ムハンマドはそこで瞑想をしているときに、神からの啓示を初めて受けました。

ヒラー洞窟

## それは幻覚でも夢でもなかった

読め！

40歳になってからムハンマドは、頻繁にヒラー洞窟で瞑想にふけるようになりました。ラマダーン月（イスラーム暦の9月、西暦610年頃）にムハンマドはいつものようにその洞窟で瞑想にふけっていたとき、大天使ガブリエルが現れ、彼に「読め」と言いました。ムハンマドは全身の震えを押さえることができませんでした。

ムハンマドは文盲であったことから、読めと言われてもどうすればいいのかわかりませんでした。しかし大天使ガブリエルは「読め」と何度も繰り返した後、神からの一節を朗唱しました。

*「読め、『創造なされる御方、あなたの主の御名において。*
*一凝血から、人間を創られた』読め、『あなたの主は、*
*最高の尊貴であられ、筆によって（書くことを）教えられた御方。*
*人間に未知なることを教えられた御方である』」*
*（聖クルアーン第96章1-5節）*

この短時間の出会いの後、大天使ガブリエルは姿を消しました。

## 恐怖におびえたムハンマド

彼は恐れおののき、家に急いで戻りました。妻のハディージャに震えながら洞窟での体験を伝え、体を覆ってくれるように頼みました。彼女はこれまで親戚とも親しくつき合い、貧しい人びとを助けるなど慈善事業にも精を出してきたムハンマドを、神が見捨てたり悪魔が近づいたりすることを許すわけがないと言ってなだめました。

書道家アブドゥルマジード・アル＝ヌーラット氏の「ムハンマド」をアラビア文字でデザインした作品、それは左の写真のヌール山の形に似せてあります。この山でムハンマドは森羅万象を創造した神とめぐり合うために行を重ねたのです。

## 神の啓示か悪魔のささやきか

ムハンマドは邪悪な物に取りつかれたのではないかと怯えました。ムハンマドは妻のハディージャとともに、敬虔なクリスチャンで聖書について豊富な知識を持っていたワラカ・ビン・ナウファル（ハディージャの親戚)を訪れ、彼が経験したすべての出来事を話ました。ワラカはムハンマドが預言者になるであろうと予測し、彼の経験はユダヤ教の預言者モーセの経験に似た啓示であると確信しました。ワラカはムハンマドを支持したいと望みましたが、そのときワラカはすでに高齢に達していました。さらにワラカは、ムハンマドは近い将来マッカから仲間たちによって追放され、敵対行為をしかけてくる者もあるだろうと忠告しました。

## お前は神の使徒

ムハンマドは落ち着きを取り戻すのに数日を費やし、その間、洞窟には戻りませんでした。しばらくして大天使ガブリエルが再度やって来て、ムハンマドが神（アッラー）の使徒となり、唯一神のメッセージを全人類に伝える任務を課せられるであろうと告げました。そして神から下された以下の節を朗唱しました。

> 「（大衣に）包る者よ、立ち上って警告しなさい。
> あなたの主を讃えなさい。またあなたの衣を清潔に保ちなさい。
> 不浄を避けなさい。見返りを期待して施してはならない。
> あなたの主の（道の）ために、耐え忍びなさい」
>
> （聖クルアーン第74章1-7節）

その後、ガブリエルは23年間にわたってムハンマドのもとを訪れ、神から人間へのメッセージ（クルアーン）を伝えてきました。

## ムハンマドは神からのメッセージをすべての人びとに伝えました

そして自らクルアーンに従った生活を送りました。そしてアラビア半島各地の人びとが唯一神を信仰し、その教えに従うようイスラームに招きました。神の教えはすべての人びとの福利のために定められているからです。

## イスラームのメッセージとは

信仰と法律

イスラームが伝えるメッセージは、唯一神への信仰の告白「アキーダ」と、人びとの生活やさまざまな事柄を統治する神の法である「シャリーア」がありました。

シャリーアは主に3つの分野から成り立っています。（1）信仰：日々の礼拝、断食、神への祈願、ザカート（施し）など。（2）道徳：正しい行い、礼儀作法、道徳観（正直さ、誠実さ、忠実さ、愛、協調）など。（3）人生におけるさまざまな規範：正義に基づいたルール、人びとの権利、商取引における倫理、遺産相続など。

注釈：ムハンマドは啓示を受けた後、最初の13年間は神への信仰（アキーダ）を中心に、人びとに教えました。マディーナへ移住した後、彼の神への信仰はシャリーアの説明やその実践の仕方に重点的をおいて教えました。

## 神の戒律

言ってやるがよい（ムハンマドよ）
さあ、ここへ来なさい、主があなた方に
禁止されたことを読誦しよう。

（1）主に何ものをも同位に配してはならない。（2）両親に孝行せよ。（3）貧しさを言い訳にして子どもを殺してはならない、あなた方も彼らも、われが養ってやろう。（4）外に表そうと内心であろうと、不徳な行い（例えば不義や堕落した行い）に近づいてはならない。（5）そして神が神聖とした生命を、正義と神の法のためを除いて殺してはならない。このように神があなた方に命じられた。よってあなた方は英知を理解するであろう。

（6）また孤児の財産は、最善の管理をしてやるためのほかには、孤児が成人に達するまで近ずいてはならない。

（7）計測や（8）計量は公正にせよ（商取引のときも、そうでないときも）。われは誰にも能力以上の重荷を負わせたりしない。（9）また、あなた方が話すとき（または証言する必要があるとき）には、たとえ近親者にかかわることだとしても公正であれ。

（10）そして神との約束を果たしなさい。これがあなた方に神が命じられたこと、きっとあなた方が記憶にとどめるであろうと命じられたことである。

（聖クルアーン第6章151－152節）

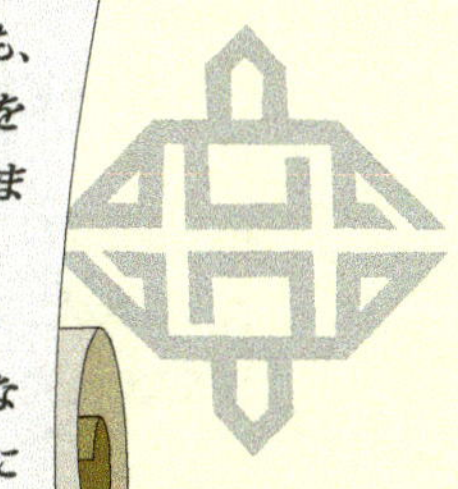

## ムハンマドの教えはアビシニアで実践される

ジャアファル・ビン・アブーターリブはアビシニア（現在のエチオピア）へ庇護を求めて逃れた8人のムスリムの一人でした。ムスリムたちの代表としてジャアファルはアビシニアの王に次のように述べました。

「王様よ、私たちはかつて無知であり（知識がないので真実に気づかず）、偶像を崇拝し、死肉を食し、忌まわしい行為を行い、身内の者をないがしろにし、隣人を酷く扱い、強者が弱者を抑圧することを見過ごしていました。神が私たちの中から、誠実さ・正直さ・貞節さが知れ渡った者を預言者として送ってくださるまで、そのような生活は続きました。

彼は唯一神のみを崇拝することを呼び掛け、私たちの祖先の時代から崇拝されていた石像や偶像への信仰を捨てるように説きました。自分の言葉には正直に、約束を守り、義務を遂行し、親族を大切にし、忌まわしい行為を禁じるように人びとを導きました。

私たちは彼を信頼し、神から彼にくだったメッセージを信じました。しかしながら、人びとは私たちを糾弾し、迫害し、私たちをイスラームから遠ざけようとしました。長らくそのような状態が続き、私たちはあなたに庇護、公正な扱いを求めてこの地にやってきました」

## キリスト教徒の王、ムハンマドの宗教を認める

ジャアファルが話し終えるや、アビシニアの王はムハンマドに下された啓典の一部を朗唱してほしいと頼みました（王は敬虔で神を畏れる人物でした）。

ネガシュ・モスク、ティグレ・エチオピア

ジャアファルがクルアーンの「マルヤム（キリストの母）章」の数節を朗唱すると、王はあごひげが濡れるほど涙を流し始めました。

そして王は告げました。

> 「ムハンマドに下されたメッセージとイエス・キリストに下されたメッセージは、ともに同じところから来ている」

# イスラームのメッセージ

Courtesy of
Abdul Aziz Al Rashidi

その教えを簡潔に説明すると、「イスラーム」という言葉は唯一の神に服従、献身するということを意味しています。またこの一神教では、神とならんで他の何者も置いて信仰してはならないということが求められています。彼には配偶者も子孫もなく、生みも生まれもしません。彼はこの宇宙にある森羅万象すべてを創造しました。彼の神性を共有するものはなく、彼以外に崇拝され祈りを捧げられる権利を有する方はありません。

## 神の名前は

彼の名前は「アッラー」と言います。神にはいくつもの特性と形容詞がありますが、イスラームではアッラーの99の「美名」が知られています。例えば「最も慈悲深いお方」や「何事もご存知なお方」などです。彼以上に慈悲深い者はなく、彼以上に知識を持つ者もありません。

| 英語 | アラビア語 | ヘブライ語 | アラム語 |
|---|---|---|---|
| God | Elah | Eloha | Elaha |

「彼こそは、アッラーであられる。彼のほかに神はないのである。
彼は幽玄界と現象界を知っておられ、
慈悲あまねく慈愛深き御方であられる」

「彼こそは、アッラーであられる。彼のほかに神はないのである。
至高の王者、神聖にして平安の源であり、信仰を管理し、
安全を守護なされ、偉力ならびなく全能で、
限りなく尊い方であられる。アッラーに讃えあれ。
（彼は）人が配するものの上に（高くおられる）」

「彼こそは、アッラーであられる。造物の主、造化の主、
形態を授ける（主であり）、もっとも美しい御名は
彼の有である。天地のすべてのものは、彼を讃える。
本当に彼は偉力ならびなく英明であられる」

（聖クルアーン第59章22-24章）

## ムハンマドとイスラーム

真っ直ぐであれ

ある男がムハンマドに、これから他の誰かに尋ねなくてもいいようにイスラームについて簡単に説明してほしいと頼んだとき、ムハンマドは簡潔にこう答えました。

「こう言いなさい。私はアッラー（唯一神）を信じます、そして真っ直ぐに生きます」

イスラームに入信するには、行き過ぎた言動を慎み、均衡のとれた生活を送ることが求められています。

محمد

## イスラームと平和

言語学的にアラビア語で「イスラーム」という言葉は有害なものから解放されるという意味の「サラマ」という単語を語源とし、また平和を意味する「サラーム」という単語とも関係があります。

ムハンマドは、ムスリムを「人びとがその舌と手から危害を受ける心配がない者」と定義しました。（人びとはムスリムの言動によって危害を受けるべきではない）

イスラームにおいて「平和」は神（アッラー）の偉大な美名の一つです。アッラーに帰依する者は、自らの内側に平和を見出すべきであり、周囲の環境や人びとに対しても平安であるべきです。

イスラームの社会においてムスリムたちが、「アッサラーム・アライクム（あなたの上に平安が訪れますように）」と挨拶することは大変興味深いことです。この挨拶の完全な言い方は「あなたの上にアッラーの祝福と平安がありますように」です。

## ムスリムかムハンマド教徒か

ムハンマドの信奉者はムハンマド教徒と呼びません。イスラームの信者やイスラームの信仰と生き方を受け入れる人は「ムスリム」と呼ばれ、唯一神を信仰し服従する者を意味しています。

## イスラームの６つの信仰

唯一神への信仰は、天使たち・諸啓典・預言者たち・神によって予め定められた運命などの６つを信じることが求められます。

## イスラーム 信仰の実践となる柱

イスラームの信仰は実践されるべき5つの柱から成っています。

| | | |
|---|---|---|
| 1 | シャハーダ（信仰告白） | イスラームへの信仰を言葉で告白すること（アッラーの他に神はなく、ムハンマドは神の使者である） |
| 2 | サラート（礼拝） | 定められている毎日の礼拝を行うこと |
| 3 | シャム（断食） | イスラーム暦の9月ラマダーン月に断食をすること |
| 4 | ザカート（喜捨） | 年に一度、定められている施しのお金を支払うこと |
| 5 | ハッジ（巡礼） | 健康で経済的に余裕のある信者は一生に一度マッカの聖モスクに巡礼すること |

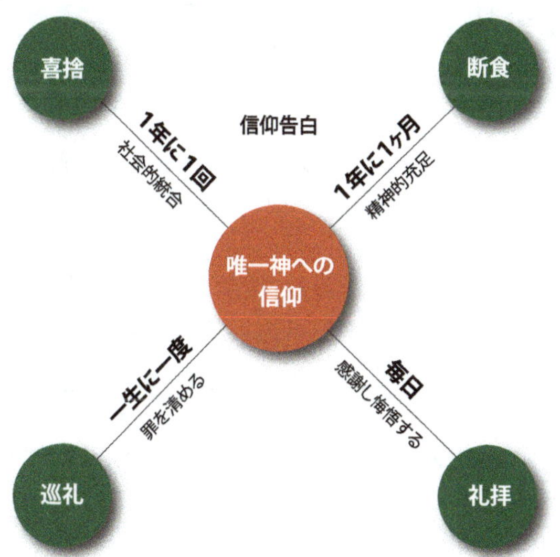

## 1. シャハーダ 信仰告白

これは、すべてのものを創造した神は唯一の存在であることを認めること。その名前はアッラー。

心から神を信じ、「シャハーダ」（アッラーの他に神はなく、ムハンマドはアッラーの使者である）の言葉を証言、告白した者をムスリムと呼ぶ。
（アラビア語で、アシュハド・アン・ラー・イラーハ・イッラーラー・ワ・アシュハド・アンナ・ムハンマダン・ラスールッラー）

ムハンマドを神の預言者、そして使者であることを認めることは、彼以前に送られたすべての預言者や使者を認めることです。

*これはアラビア書道でアートのようにデザインされた証言（信仰告白）です。それは、「私はアッラーの他に神はなく、ムハンマドは彼の使徒であり預言者であると証言します」と記されています。*

## 2. サラート 定められた毎日の礼拝

イスラーム・・信仰の実践

イスラームの礼拝（サラート）は人間に神を忘れないようにさせる信仰行為です。一日を通して神に奉仕するために毎日５回の礼拝は定められています。
心、そして言葉と体で神の栄光と賞賛を讃えるのがこの崇拝行為の要諦です。

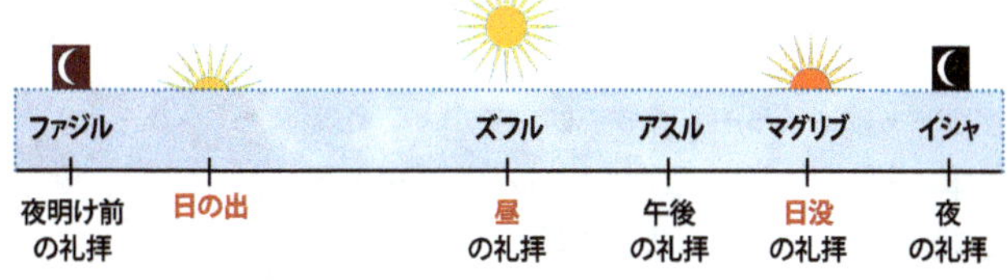


*「われのしもべたちが、われについてあなたに問うとき、*
*（言え）われは本当に（しもべたちの）近くにいる。*
*彼がわれに祈るときはその嘆願の祈りに答える。*
*それでわれ（の呼びかけ）にこたえさせ、われを信仰させなさい。*
*おそらく、彼は正しく導かれるであろう」*

*（聖クルアーン第２章186節）*

## 礼拝は心の栄養

文字通り「サラート」という言葉は「篤いつながり」を意味しています。それは信仰を行為にしたものなのです。それぞれの礼拝には、お辞儀をしたり平伏したりする行為が含まれています。礼拝をすると、心にアッラーへの服従、忠誠心が培われていきます。

礼拝のときにはさまざまな世事から離れて、完全なる集中が求められます。預言者ムハンマドは「人は平伏しているときアッラーに最も近くある」と述べています。

一日に５回は多すぎると言う人たちがいます。しかし実際には礼拝は一日に多くても40分を使った瞑想のようなものです。私たちが一日に３、４回、生きていくために体に栄養を与える目的で食事を取っているのと同じように、私たちは心に栄養を与えねばならないのです。このように一日時間をおいて立つ礼拝で、私たちは精神的な栄養を取っているのです。

## 3. ザカート 施し

ザカートはイスラームの中心的柱です。それは１年に一回、貧しい人びとやクルアーンによって規定されている正当な受益者、必要としている人たちに施すことです。その金額は１年間の個々人の余剰財産の２.５パーセントです。

ザカートは貪欲な心を洗い浄め、貧しい人たちの心から憎しみや嫉妬心を取り除きます。社会的に統合や協調の精神、さらには慈悲の心や敬愛精神を培います。ザカートは社会全体の福祉活動を促進し社会正義を実現します。

## 4. シアム ラマダーン月の断食

ムスリムは太陰暦のラマダーン月（29日か30日）の毎日、夜明け　日没まで断食をしなければなりません。断食をしている間、日常生活においてムスリムは一切の飲食を断ち、さらには性的な関係も結んではいけません。

アッラーのために行う断食は、日々の恵みはアッラーからのものであることをよく分からせてくれます。

人びとが断食を通じて飢えの感覚を味わうとき、ことに飢餓や栄養失調にある地域や国の人びとの苦しみを共有することができます。経済的に余裕のある人は、断食しているとき、より施しをするようになります。それは社会の「持てる人」と「持たざる人」の間の絆を強くし社会に調和と安定をもたらします。

断食はまた人間に断食はまた人間に欲望を抑えコントロールさせ、その結果精神を浄化させます。断食は健康上の効用も多く、医者は病気の治療方法としても推薦しています。

| 太陰暦（イスラーム暦） | |
|---|---|
| 1 | ムハッラム |
| 2 | サファル |
| 3 | ラビウル・アッワル |
| 4 | ラビウル・アーヒラ |
| 5 | ジュマーダル・ウーラア |
| 6 | ジュマーダル・アーヒラ |
| 7 | ラジャブ |
| 8 | シャアバーン |
| 9 | **ラマダーン** |
| 10 | シャウワール |
| 11 | ズル・カーダ |
| 12 | **ズル・ヒッジャ** |

## 5. ハッジ マッカ巡礼

ハッジは、太陰暦のズル・ヒッジャ月に聖モスク（アッラーの家）を訪れ定められた宗教儀式を行うためにマッカに巡礼することです。巡礼は一生に一度、健康で経済的に余裕のあるすべてのムスリムに課せられたイスラームの五つの柱の一つです。

人びとは民族や
国籍を超えて
イスラーム世界の
中心に集うことによって、
アダムを共通の父祖とし
アブラハムを精神的祖先
としていることを
確信しているのです。

# 一つの神 一つのメッセージ

## 聖クルアーンの中の預言者と使徒たち

イスラームは人類への導きとしてムハンマド以前に遣われた、すべての預言者、使徒たちを認めています。彼らは神の存在とその唯一性を信じる「一神教」を確証しました。

神は、人びとに人生の意義についてき、誤った道に入ることを回避させ、道徳心を培うために彼らを遣わしました。

聖クルアーンの中には25人の預言者、使徒たちの名前が挙げられ、その中の何人かについてはさらに詳細な物語が書かれています。例えば、アダムは25回、ノアは43回、アブラハムは69回、モーセは136回、そしてキリストについては25回、聖クルアーンの中で述べられています。

ムハンマドは言いました。「私と、私以前の預言者たちの関係を例えてみると、ある人が家を建て、美しく素晴らしく仕上げたが、一箇所だけレンガが積み残された。その家を見た人びとは、その素晴らしさを称賛しながらも、積み残されたレンガが積まれていたらなんと壮麗であろう、と言いました。そう、私こそがそのレンガ、最後の預言者なのです」 （ブハーリーによる伝承 4.734, 4.735）

*われはあなた以前にも、使徒たちを遣わした。*
*そのある者についてはあなたに語り、*
*またある者については語ってはいない。だがどの使徒も、*
*アッラーの御許しによるほか、印を齎すことはなかった。*
*そしてアッラーの大命がくだされば、*
*真理に基づいて裁かれる。*
*そのとき、虚偽に従った者たちは滅びる*
*(聖クルアーン第40章78節)*

*言え、『私たちはアッラーを信じ、*
*私たちに啓示されたものを信じます。*
*またイブラーヒーム、イスマーイール、イスハーク、ヤアコーブと*
*諸支部族に啓示されたもの、*
*とムーサーとイーサーに与えられたもの、*
*と主から預言者たちにくだされたものを信じます。*
*彼らの間のどちらにも、差別をつけません。*
*彼に私たちは服従、帰依します』*
*(聖クルアーン第2章136節)*

## トーラー、福音書、そしてクルアーンは人類への神の啓典

聖クルアーンの前に神から下された諸啓典を信じることは、イスラームの不可欠な信仰の条件です。ムスリムはクルアーンがそれ以前の啓典と矛盾することなく、歴史を経る中でそれらが真実から逸脱し、それを正したと信じています。

誠にわれは、導きとして光明のある律法を、（ムーサーに）くだした
（聖クルアーン第5章44節）

われは彼らの足跡を踏ませて、マルヤムの子イーサーを遣わし、
彼以前（にくだした）律法の中にあるものを確証するために、
導きと光明のある、福音を彼に授けた。
これは彼以前にくだした律法への確証であり、
また主を畏れる者への導きであり、訓戒である
（聖クルアーン第5章46節）

われは真理によって、あなたがたに啓典をくだした。
それは以前にある啓典を確証し、守るためである
（聖クルアーン第5章48節）

これらの者は、アッラーが恩恵を施された預言者たちで、
アダムの子孫で、われがヌーフと一緒に（方舟で）運んだ者たちの
子孫であり、またイブラーヒームとイスラーイール（ヤアコーブ）の
子孫の中、われが選んで導いた者たちである。慈悲深き御方の印が
彼らに読誦される度に、彼らは伏してサジダし涙を流す
（聖クルアーン第19章58節）

表1：主な預言者の歳

| 預言者 | ムハンマド | イエス | モーセ | アブラハム |
|---|---|---|---|---|
| 大体の年代 | 570 - 632 年頃 | 1-33 年頃 | BC1400 年頃 | BC1700 年頃 |
| 大体の歳 | 63 | 33 | 120 | 175 |

## ムハンマドとアブラハム

アブラハムはユダヤ教、キリスト教、イスラームにおいて預言者たちの父祖であるとみなされています。それは、確認されている預言者たちの多くが、アブラハムを祖先としているからです。ムスリムは、ムハンマドがアブラハムの長男であり多くのアラブ系部族の父であるイスマーイール系統の末裔であると信じています。一方、イスラエルやヤコブやジョセフ、アーロンやモーセなどの預言者たちは、アブラハムの次男アイザック系統の末裔です。

アブラハムは一神教を人びとに説くことに人生を捧げました。クルアーンの中でも、アブラハムの名前は頻繁に言及され、彼が真実を追求するために努力し、神の唯一性を認識した後に、その誠実さ・公平さ・従順さや感謝の気持ちを表すことを実践し証明したとされています。どのような厳しい状況下においても神に全面的に服従することによって、彼は歴史に名を残す偉大な人物となったとされています。

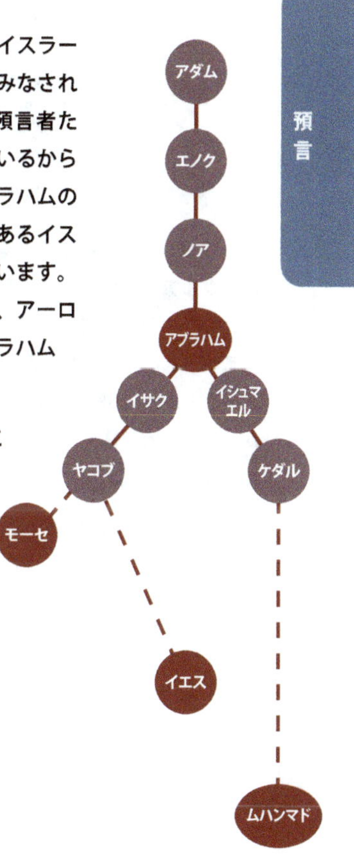

*アッラーに真心こめて服従、帰依し、善い行いに励み、*
*イブラーヒームの純正な信仰に従う者以上に*
*優れた者があろうか。*
*アッラーは、イブラーヒームを親しい友にされたのである*
*（聖クルアーン第4章125節）*

## 唯一の神

アブラハムは神への従順さを示す手本となりました。クルアーンによると、神が友として、また来世において世の中の正しい行いをする者の中で最も素晴らしい人物として選んだとされています（4章125節・2章130節）。神は彼を正しい宗教の道へと導き、「イマーム」（人びとを導く者）として（2章124節）人びとの模範としました（16章120節）。

アブラハムはムスリムたちから「ムスリム」（唯一神を信じ、服従するもの）という名を与えたものとして敬われています（22章78節）。

*「イブラーヒームはユダヤ教徒でもキリスト教徒でもなかった。*
*しかし彼は純正なムスリムであり、*
*多神教徒の仲間ではなかったのである」*
*（聖クルアーン第3章67節）*

注釈：「アブラハム」という名前の語源は、アラビア語で「イブラーヒーム」と読み書きされるアブラハムであるとされています。ローマ正教ではアブラハムのことを信仰上の父と呼び、東方正教会では彼を「高潔な父祖アブラハム」として称えます。

唯一神崇拝のために建てられた最初の建物は、アダムによって彼が地上に降り立ったときに建てられ、ムスリムはその建物を再建した重要人物がアブラハムとその息子イシュマエルであると信じています。その建物は「カアバ神殿」と呼ばれ、現在サウジアラビアのバッカの丘にあるマッカに位置します。唯一神はアブラハムとイシュマエルに、彼（唯一神）に向かって礼拝・黙想・ひれふす者たちのためにカアバ神殿を清めることを義務として課しました。唯一神によって、その地は崇拝の場として、また聖地とされたのです。

## アブラハムとイシュマエルの祈願

*「主よ、私たち両人を、あなたに服従、*
*帰依する者〔ムスリム〕にしてください。また私たちの子孫をも、*
*あなたに服従、帰依する民〔ウンマ〕にしてください。*
*私たちに祭儀を示し、哀れみを与えてください。*
*あなたはたびたび許される方、慈悲深い方であられる」*

（聖クルアーン第2章128節）

ムハンマドは、聖モスク（崇拝のための唯一神の館）での礼拝は、他の場所で行われる礼拝よりも報奨が多く、聖モスクでの一回の礼拝は10万回の礼拝に相当すると述べました。

## ハッジ（巡礼）

毎年300万人ものムスリムが「ハッジ」と呼ばれる巡礼を行うために、サウジアラビアのマッカにある聖モスクを訪れます。ハッジは五つのイスラームの崇拝行為の五番目の柱にあたり、健康で経済的に余裕のある者は一生に一度行わねばなりません。

ムハンマドはハッジの行い方を説きました。その多くがアブラハムの慣習に基づいています。彼はアブラハムによって唯一神の館として建てられたカアバ神殿を巡回しました。巡回は唯一神への帰依として、反時計回りに7周します。これは、惑星や電子の動きとも調和します。

巡回の後ムハンマドは、アブラハムの立ち所の背後で礼拝を行いました。それはアブラハムの足跡が残る石であり、現在その場所はマカーム・イブラーヒームと呼ばれ、下の写真のように囲われています。

その後ムハンマドはサファとマルワの2つの丘の間を歩きました。ここは何千年も前に、ハージェルが夫のアブラハムに息子のイシュマエルとともにその地に取り残されたときに、水を求めて行き来した場所です。アブラハムはハージェルに唯一神の教えに従順であることを示すために、そこに留まるように言いました。唯一神はその場所を崇拝のための神聖な場所に定めました。

サファとマルワの丘の間の距離は約395mです。このハッジの儀式はサーイと呼ばれ、サファとマルワの丘の間を7往復することを意味し、サファから始まりマルワで終了します（合計距離2.76キロ）。

サーイは、人間の現世における日々の行い、すなわち旅や骨の折れる仕事などによく似ていて、この儀式を成就することは有義なことなのです。唯一神の教えと矛盾することもありません。

ムハンマドはまた巡礼のとき、「ジャムラート」という儀式を行うためにミナの地を訪れました。そこで彼は、アブラハムが息子を神の生贄として屠ろうとしたときに悪魔が老人の姿で現れ、アブラハムが息子を屠ることを思いとどまるように誘惑したため、悪魔に石を投げつけたという言い伝えにならって石を投げました。巡礼者たちはこの故事にならってジャムラートの儀式を行うとき、悪魔だけでなく自らの内に潜む悪に対しても石を投げているのです。

最終的に神はアブラハムの息子を救済し雄羊をその代替としました。ムハンマドはこれにならい、アブラハムの生贄の象徴として羊もしくは山羊を1頭屠り、貧しい人びとへ肉を分け与えるようにと教えました。

ムハンマドは1日5回の礼拝の中でアブラハムとその家族のために祈願するように教えました。またムハンマドが、息子の一人をイブラーヒーム（アブラハムのアラビア語表記）と名付けていることも注目すべき点です。ムハンマドの息子イブラーヒームは幼くして亡くなっています。

言ってやるがいい。
『本当に主は、私を正しい道、真実の教え、
純正なイブラーヒームの信仰に導かれる。
彼は多神教徒の仲間ではなかった』
（聖クルアーン第6章161節）

アブラハムはパレスチナのヘブロンに埋葬されているとされています。その地はユダヤ教徒、キリスト教徒、またムスリムたちの共通の聖地とされています。アブラハムを記念する複合建造物は「アル・マスジド　アル・イブラヒーミ」（アブラハムのモスク）と呼ばれ、ムスリム以外の信者たちには「族長たちの墓」と呼ばれています。

この建物は2つの正方形のミナレットを有した長方形の大きなモスクです。建物にはモスクの他に数多くの部屋と地下洞窟があります。

中央に位置する部屋の中に、アブラハムとサーラの記念碑があります。南側の部屋には（ヘブライ語でオヘル・イトザックと呼ばれる）アイザックとレベッカの記念碑があります。

北側の部屋にはヤコブとリアの記念碑があります。この建物の地下の部屋にはアブラハム、アイザック、ヤコブ、サーラ、レベッカ、そしてリアの遺物が収められていると広く信じられています。

アブラハム（彼の上に平安あれ）の記念碑

注釈：ムスリムは墓所を讃えることはありません。イスラームの教えによると、墓所の形状は地面よりも高くあるべきでないとされています。

神と言葉を交わした男

## ムハンマドとモーセ

ムハンマドはモーセを称賛し、最後の審判日の復活のときにはモーセが唯一神アッラーの玉座の傍に立ち、玉座を支えているのを見るであろうと述べています。

ムハンマドがマディーナへ赴いたとき、ユダヤ教徒たちが「アーシューラー」の日（神がイスラエルの民たちをエジプトのファラオから救ったとされる日）に断食しているのを目にし、ムスリムたちもその日に自発的に断食するように勧めました。なぜなら、モーセがその日に断食したのは神への感謝の気持ちを表すためだったからです（アーシューラーの日はイスラーム暦1月の10日目にあたります）。

クルアーンではモーセとイスラエルの民たちが経験した出来事について語られています。さらにクルアーンにはモーセ以外にもアーロン、ザッカリーやヨハネといったイスラエルの民たちへ送られた預言者たちについても触れられています。

また、唯一神がモーセに語りかけ、預言者・使者たちの中でも特に重要な任務を課せられた（ウルゥー・アルアズィーム）5人のうちの１人であり、神と特別な契約を結んだのであると記載されています。その5人の預言者とはノア、アブラハム、モーセ、キリスト、そしてムハンマド（彼らの上に平安あれ）です。

預言者モーセはパレスチナにあるネボという死海を見わたす山の近くで亡くなりました。そしてネボ山の峠には記念碑が建てられ、そこは現在ヨルダンの重要な観光地となっています。

ムスリムはモーセとムハンマドの間に、多くの類似点を見出しています。彼らはともに預言者であるとともに伝達者でもあり、神の法律・戒律を含む聖典をもたらしました。また人びとを先導し、彼らとともに長い間生活をともにしました。二人とも結婚して子どもをもうけています。

## ムハンマドとイエス

真正伝承によると、ムハンマドは次のように言っています。

> 「私は人びとの中で最もマリアの息子と近い関係にあり、すべての預言者たちは父系の兄弟である。彼（イエス）と私の間に、他の預言者は存在しない」

クルアーンの中のキリスト

クルアーンの中でイエスは「神の言葉」であり、マリアにもたらされた吉報であると述べられます。彼の名前は「メシア、マリアの息子イエス」です。

神はイエスを手助けするため、聖霊（大天使ガブリエル）を遣わしてイスラエルの子孫たちの下へイエスを預言者として送りました。イエスの使命は、イスラエルの子孫たちを正しい道へ導き、彼らの神であり森羅万象の神である唯一神アッラーを崇拝するよう導くことでした（聖クルアーン第2章87節、第3章45-49節、第4章171節）。

ナザレはパレスチナのガリリーのすそ野にある歴史的な町です。福音書の中でマリアの故郷であると書かれていることもあり、その地はイエスの幼児期と深く関係があります。ローマ正教の伝統によると、受胎告知はナザレにある受胎告知教会で起こったとされています。

また、クルアーンの中でキリストは、現世と来世において優れた者（卓越している存在）であり、もっとも正しい行いをする者の一人で神の傍に寄せられると示されています。

クルアーンには、神はモーセにトーラー、イエスに福音書、そして英知を教えたと示されています。アッラーは、イエスに盲目の人に光を与え、らい（ハンセン）病を治療し、死人を生き返らせるなどの奇跡をもたらして、彼を支えました。

ベツレヘムの写真：聖墳墓教会は現在も教会として使われている世界最古の教会です。数多くのキリスト教徒によって、ここがイエス・キリスト誕生の地であると信じられています。

## イエスの再来

ムスリムはイエスが再来するであろうと信じています。ムハンマドは復活の日はイエスが再来するまで起こらないであろうと示唆しました。

彼は神の法を樹立するため、地上の生命が終わる前に立ち帰るでしょう。彼は偽メシアと戦い、唯一神の信者たちを一致団結させ、公平な権力者として世界中に平和をもたらすでしょう。ムスリムはイエスが再来するとき、彼の支持者であることが求められます。

シリアのダマスカスの写真：いくつかの伝承によると、「イエスはダマスカスの西側へ降臨するであろう」と、ムハンマドが述べたとされています。

## ムハンマドによって伝えられた万人に向けてのメッセージ

ムスリムは、ムハンマドはアブラハム、モーセ、イエスや他の預言者に与えられたものと同じメッセージを与えられたと信じています。ただ他の預言者たちと異なるところもあります。ムハンマドの使命は全人類を対象にしていることです。ムハンマドの任務は歴史を経る中で生まれた誤った信仰や逸脱を正すことにありました。

> *「われは只万有への慈悲として、あなたを遣わしただけである」*
> *（聖クルアーン第21章107節）*

### ローマの皇帝に宛てたムハンマドの手紙

ムハンマドは、隣接する地域、さらには遠くペルシヤ、ビザンツ、エジプトのような大国の統治者や王たちへ、「神の教え」イスラームを受け入れるよう呼びかけた手紙を送りました。ビザンツ帝国の王ヘラクリウスは手紙を受け取ると、アブー・スフィヤーン（マッカの長老の１人で交易業者として、よくビザンツの地を訪れていた）を召し出しました。ヘラクリウスはアブー・スフィヤーンにいくつかの問いを投げかけ正直な答えを求めました。

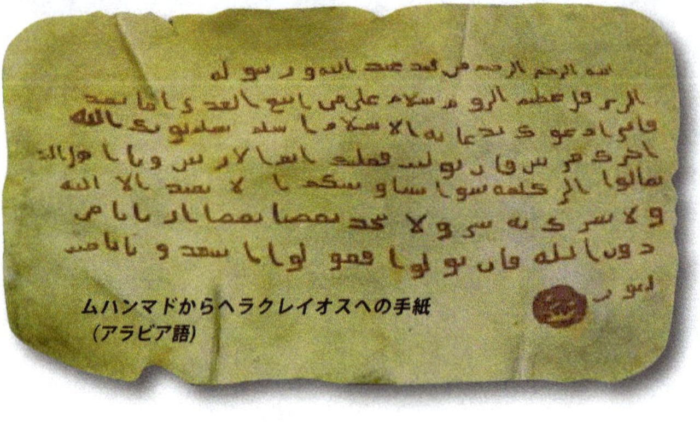

ムハンマドからヘラクレイオスへの手紙
（アラビア語）

ヘラクレイオス　「ムハンマドは社会のどの階級の出身か」
アブー・スフィヤーン「マッカの高貴な部族の出身です」
ヘラクレイオス　「彼は人を裏切ったり約束を破ったり嘘を言ったりしたことがあったか」
アブー・スフィヤーン「いいえ、ありません」
ヘラクレイオス　「彼の信者は増えているのか減っているのか。ムハンマドに対し不満を抱き、イスラームから離反した者はいるか」
アブー・スフィヤーン「ムハンマドの信者たちは彼を称賛し信者は増えています」
ヘラクレイオス　「ムハンマドの教えとはどういうものか」
アブー・スフィヤーン「唯一神と社会的公正などを信じることです」

しばらく考えた後、ヘラクレイオスは「お前が申したことが真実であるならば､ムハンマドは私の王国を受け継ぐことができるであろう」と言いました。

皇帝ヘラクレイオスは西暦610年から640年までの間、東ローマ帝国を統治しました。その間、3度の軍事作戦を指揮し、ペルシヤ帝国に勝利し、シリア、パレスチナ、エジプトを奪還しました。しかし西暦636年、イスラームはパレスチナ、シリア、エジプト、そして北アフリカにまで到達し、西暦642年にはペルシヤにまで広まっています。

## 普遍的な宗教、イスラーム

現在、イスラームはキリスト教に続く世界第２位の宗教です。200カ国以上で実施された包括的な調査によると、15億70000万人ものムスリムが世界各地におり、2009年の調査ではイスラーム教徒は世界人口の23パーセントを占めています。

ムスリムのすべてがアラブ人ではありません。アラブ人は世界のムスリム人口の4分の1以下となっています。

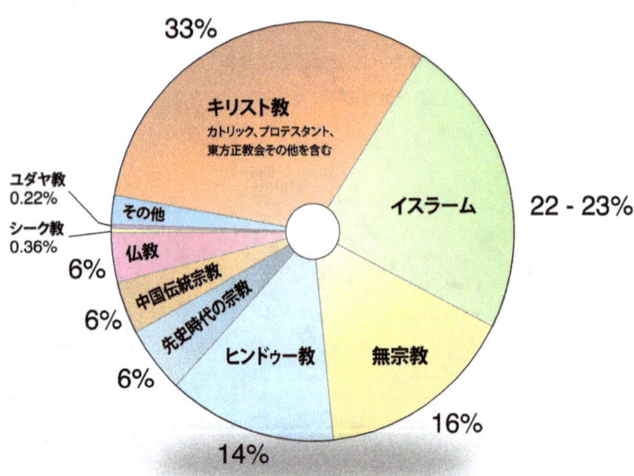


世界には21億人ものキリスト教徒がいて世界人口の約33%を占めています。無神論者は11億人とされ、世界人口の約16%を占めています。ユダヤ教については、世界人口の0.22%にしか過ぎません。

## 注釈

1.クルアーンからマリアの物語の抜粋（第19マルヤム章16-23節）

*またこの啓典の中で、マルヤム（の物語）を述べよ。彼女が家族から離れて東の場に引き籠ったとき、彼女は彼らから（身をさえぎる）幕を垂れた。そのときわれはわが聖霊（ジブリール）を遣わした。彼は1人の立派な人間の姿で彼女の前に現われた。*
*彼女は言った。「あなた（ジブリール）に対して慈悲深き御方の御加護を祈ります。もしあなたが、主を畏れておられるならば（私に近寄らないでください）」*
*彼は言った。「私は、あなたの主から遣わされた使徒に過ぎない。清純な息子をあなたに授ける（知らせの）ために」*
*彼女は言った。「未だかつて、誰も私に触れません。また私は不貞でもありません。どうして私に息子がありましょう」*
*彼（天使）は言った。「そうであろう。（だが）あなたの主は仰せられる。『それはわれにとっては容易なことである。それで彼（息子）を人びとへの印となし、またわれからの慈悲とするためである。（これはすでに）アッラーの御命令があったことである』」*
*こうして、彼女は彼（息子）を妊娠したので、遠い所に引き籠った。*
*だが分娩の苦痛のために、ナツメヤシの幹に赴き、彼女は言った。*
*「ああ、こんなことになる前に、私は亡きものになり、忘却の中に消えたかった」*

クルアーンの物語によると、マリアが息子を連れ帰ったときに人びとは彼女を責めましたが、新生児であったイエスが奇跡的に言葉を発し次のように述べました（第19マルヤム章30-35節）

*（そのとき）彼（息子）は言った。「私は、本当にアッラーのしもべです。*
*彼は啓典を私に与え、また私を預言者になされました。*
*また彼は、私が何処にいようとも祝福を与えます。また生命のある限り礼拝を捧げ、喜捨をするよう、私に御命じになりました。*
*また私の母に孝養を尽くさせ、高慢な恵まれない者になされませんでした。*
*また私の出生の日、死去の日、復活の日に、私の上に平安がありますように」*
*そのこと（イーサーがマルヤムの子であること）について、彼ら（ユダヤ教徒、キリスト教徒）は疑っているが本当に真実そのものなのです。*
*アッラーに子どもができるなどということはありえません。彼に讃えあれ。*
*彼が一事を決定され、唯『有れ』と仰せになれば、即ち有るのです。*

# 価値とモラル
## イスラーム文明

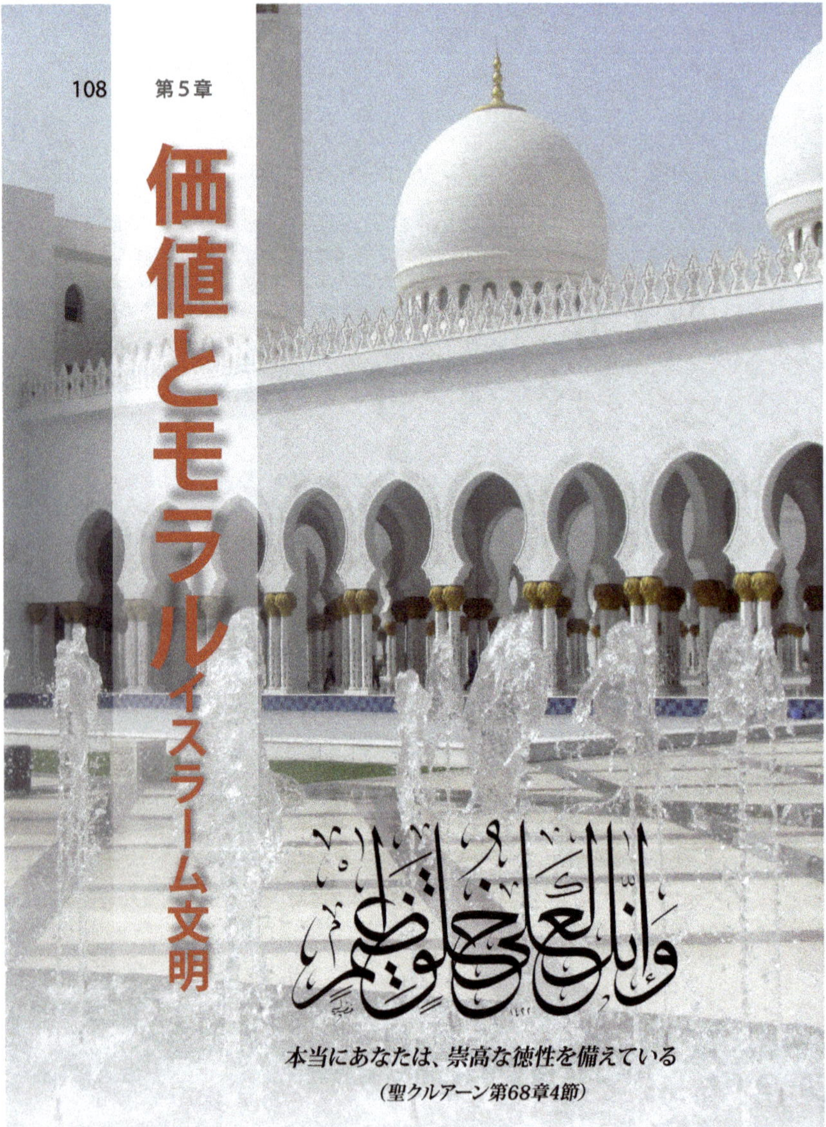

وإنك لعلى خلق عظيم

本当にあなたは、崇高な徳性を備えている

（聖クルアーン第68章4節）

# 自己啓発とリーダーシップ

## 身体と心が求めるものを満たす完全なバランス

預言者ムハンマドは、物質主義と精神主義のバランスをはかるようにと呼びかけました。人は身体的また精神的に満たされる必要があるが、それは合法な範囲で適度なバランスを保ちながら行われるべきだと教えました。

また、宗教を心と身体に付加価値を与えるような、良い人生を送るための動機づけとして受け入れるようにとも促しました。

## ムハンマドは極端さを批判しました

極端に走ってはいけない

ムハンマドは均衡のとれた生活や考え方、合理的な考え方を推奨しました。伝承によると、三人の男たちがムハンマドのもとにやって来て崇拝行為について問いました。そのときムハンマドは留守だったため妻が対応したのですが、ムハンマドが信仰に費やしている時間は彼らが考えていたよりも短いものだったとされています。

その男たちは、あるべき宗教的生活とは精神面に重きをおき肉体的欲求については無視するか、自然な欲求も拒むべきことと考えていました。

男たちは、敬虔な信者は結婚することなく生涯独身を通すものだと考えていました。さらに毎日断食し、義務の礼拝以外に真夜中であっても礼拝に立つ必要があると考えていました。

ムハンマドは男たちのこうした考えを耳にしたとき驚きました。彼は夜中に任意の礼拝を行ったときもありましたが、夜は人びとと同じように床に入って眠りました。ラマダーン月の断食以外にもときどき断食を行いましたが、それ以外のとき断食をすることはありませんでした。普通の人と同じように結婚し、独身を保つことはあまり好きではありませんでした。そして言いました;

「これが私のスンナ(神がお望みの生き方)です。これを受け入れない者は私たちの仲間ではありません」

## ムハンマドは難しいことを望まない

伝承によると、ムハンマドは物事の決断に際して、複数の意見や代替案があった場合には、常に簡単で複雑でない選択肢を選んだと言われています。もちろん、それは達成可能で法にふれるものではありませんでした。

アラビア書道家ウィサーム・シャウカット氏の作品

## 浄めと清潔さ

清潔にすることは、イスラームの信仰の本質的要素です。神は自らを清潔に保つ者を愛される、とクルアーン第2章222節には、はっきり述べられています。

> *「まことにアッラーは、悔悟して彼のもとへ帰る者を愛され、*
> *また自らを清潔にたもつ者を愛される」*
> *（聖クルアーン第2章222節）*

> *「そしてあなたの衣を清潔に保ちなさい」*
> *（聖クルアーン第74章4節）*

### 毎日の浄め

礼拝の前に浄めを行うことは礼拝に立つ者にとって必須条件です。そこには両手、顔、両腕を肘まで洗い、水で濡れた手で髪をなで、足首から先を洗うことが含まれます。

## グスル　全身の浄め

加えて日常的に「グスル（全身の浄め）」を行うことが強く勧められ、ムハンマドのスンナ（彼の言葉や行い） の一部と考えられています。ともあれグスルは特定の場合（夫婦間の性的交渉や月経の後など）には絶対に欠かすことができません。

ムハンマドは生活のあらゆる面において清潔さや浄めを重視しました。彼は仲間たちに自分たちの家とその周囲を定期的に清掃するよう求め、道路の小石やゴミを掃除することは報奨が望める慈善行為であると説きました。

ムハンマドは仲間たちに自らの衛生や清潔さを保つことを強く促し、次のように語っています。

- 清潔で小綺麗な身なりをしなさい、ただし贅沢をしてはいけない。
- 身体のにおいを良くするように香料（ティーブ）を用いなさい。
- ツメをきちんと切り脇毛や陰毛を剃りなさい。
- 食事の前後には手を洗いなさい。朝、起きてから手を洗うまでは食べ物に触れてはいけない。

口内衛生

## ミスワークと口内衛生。一日を通して口内を清潔にする

ムハンマドは言いました。「差しつかえがない限り、毎日、1日5回の礼拝の前にミスワークで歯を磨くようにしなさい」(ブハーリーとムスリムの伝承による)

### ミスワークとは何か

ミスワークはサルバドール・タデ属の木の枝で、(アラークの木としても知られる歯ブラシの木)サウジアラビアで広く用いられています。ミスワークは歯と歯の間の汚れを落とすしなやかな材質で、強い力が加わっても折れにくい木です。

ミスワークを科学的に検証すると、多くのフッ素やシリカ、ビタミンC、少量の塩化イオン、タンニン、サポニン、フラボノイド、ステロールといったいくつもの成分が含まれています。

注釈：さまざまな成分により、ミスワークは歯垢や歯茎の後退、出血を防ぎます。ミスワークの枝は新鮮な樹液と無水ケイ酸（硬くて光沢のある物質）を出し、歯の汚れを取り除く研磨剤の役割を果たしていいます。ミスワークは効果的に歯を清潔にし、エナメル質や歯茎を傷つけることなく白くするのです。

塩化物の成分は歯垢と歯石を取り除き、ビタミンCは組織を修復し治す効果をもっています。またミスワークの抽出物は頭痛、感冒、吐き気、緊張、目まいを和らげると信じられています。

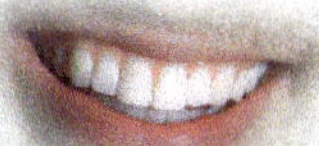

## 知を求める

ムハンマドは文明の発展と科学の進歩をもたらした光と導きのメッセージをもたらしました。それは「読め」という言葉で始まる神聖な啓示であり、その後、数十年の間にアラビア半島内外に知識と科学の領域に革新をもたらしました。

読む・考察する・学ぶ・探究する・熟考する・探求する・観察する・もたらすといった言葉はクルアーンの中に頻繁に出てきます。

*本当に天と地の創造、*
*また夜と昼の交替の中には、*
*思慮ある者への印がある。*
*または立ち、または座り、*
*または横たわって（不断に）アッラーを唱念し、*
*天と地の創造に就いて考える者は言う。*
*『主よ、あなたは徒らに、*
*これを御創りになったのではないのです。*
*あなたの栄光を讃えます。*
*火の懲罰から私たちを救ってください』*

（聖クルアーン第3章190-191節）

*地上には信心深い者たちへの種々の印があり、
またあなたがた自身の中にもある。
それでもあなたがたは見ようとしないのか*
（聖クルアーン第51章20-21節）

ムハンマドは知識を学ぶことを推奨し、人びとの生活に価値を与えました。教友たちに、知識を地球に害を与えない方法で、人類の幸福のために有効活用するように促しました。彼はこれを唯一神の御満悦と関連付けて言いました。

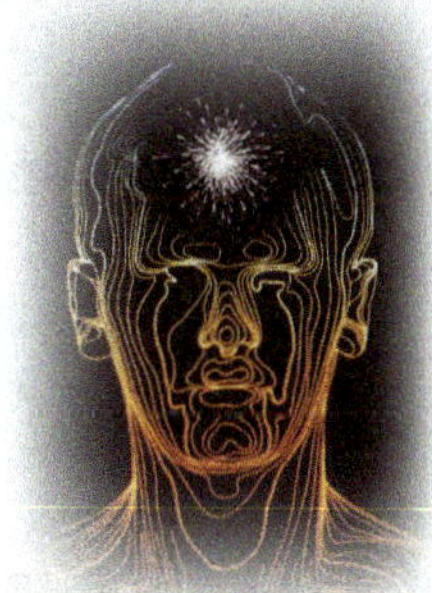

「知識の獲得の道に従う者には
唯一神が天国への道を開いてくださるでしょう」
ティルミージーの伝承

何世紀にもわたり、ムスリムの科学者たちは学問の領域において開拓者でした。クルアーンの言語であるアラビア語が学問の言語として用いられ、化学、数字、薬学、天文学、地質学、理工学、美術、文学の発展のために寄与してきました。

研究者の多くは、西洋文明は主にイスラーム文明に依存しているという事実を認識しています。イスラーム文明がなくては今日までに成し遂げられた文明を獲得するまで少なくとも500年はかかるであろうと言われます。

表2：高名なムスリム科学者たちの偉業



| 科学者 | 主な業績 |
| --- | --- |
| ゲーベル<br>化学の父<br>西暦721～815年 | ジャービル・イブン・ハイヤーンは卓越した博物学者で、化学者、天文学者、占星術師、工学者、地質学者、哲学者、物理学者、薬学者、医者でもありました。多くの科学者たちから、化学の父とみなされています。 |
| アルゴリトミー<br>アルゴリズムの父<br>西暦780～850年 | ムハンマド・イブン・ムーサ・アル＝フワーリズミーは当時のもっとも偉大な科学者の１人で、数学者、天文学者、地理学者としても活躍し、十進法を世界に紹介しました。アルジェブラ（代数学、アル・ジャブルが語源）と彼が名付けた「アルゴリズム」を練り上げて数学の分野に大きく貢献し、彼の名前は算術を意味するスペイン語のグアリスモ、ポルトガル語のアルガリスモの語源となりました。 |
| ラーゼス（ラーズィズ）<br>医学の父<br>西暦865～929年 | アブ・バカル・ムハンマド・イブン・ザカリヤ・アル＝ラジーは、科学者たちによって医学の父とみなされています。<br>彼は、はしかから天然痘を識別しました。また彼はいくつものアルコールやケロシンといった化学化合物を発見しています。エドワード・グランビル・ブラウンは彼のことを医学の父とみなしています。彼は英語に翻訳された「アル＝ハウィ」という医学百科事典、薬学大全、腎臓結石の本など多くの重要な医学書を著しています。 |

| | |
|---|---|
| アヴィセンナ<br>近代医学の父<br>西暦980～1037年 | アブー・アリー・アル＝フサイン・イブン・スィーナーはムスリムの知識人たちのうち、最も傑出した医学者であり、世界的に名が知られている科学者です。博学で科学、神学、哲学などの200冊におよぶ書物を著しています。<br>アヴィセンナのもっとも卓越した二つの著作のうち、一つはアリストテレス論理学に基礎を置く哲学百科全書『シファー（治癒の書）』、もう一つは『アル・カーヌーン・フィ・ティッブ（医学典範）』です。『医学典範』は14巻からなり、理論と臨床的知見を集大成した書であり、各国語に訳され、18世紀初頭にいたるまでヨーロッパにおける医学研究書の規範となりました。 |
| アル・ジャザリー<br>西暦1136～1206年 | アブー・アル＝イッズ・ブン・イスマイル・アル・ジャザリーは『巧妙な機械装置に関する知識の書』の著者としてよく知られています。<br>その著作の中で50種の機械装置について、組み立て方の説明を付けて紹介しています。巨大な天文時計「城郭時計」の考案者としてもよく知られています。それは最初のプログラム可能なアナログ・コンピュータとされています。ドナルド・ルートリッジ・ヒルによれば、アル＝ジャザリーは非常に洗練されたローソク時計についてもふれています。また水時計や円運動を直線運動に変換するクランクシャフトも考案しました。 |

アヴィセンナ

ラテン数字

I, II, III, IV, V, VI, VII, VIII, IX, X

アラビア数字

1, 2, 3, 4, 5, 6, 7, 8, 9, 10

## スポーツを通して能力を高める

ムハンマドは教友たちに水泳や弓術、乗馬などさまざまなスポーツを通して身体を健康に保つことをすすめました。

また、彼は教友たちとともに何度か徒競走に参加しました。徒競走は幸福と刺激をもたらしました。彼が妻のアーイシャとも競争したことがあるという伝承さえあります。ときにはアーイシャが勝つこともありました。運動を楽しむことでムハンマドとアーイシャとの間に相互愛が育まれました。

ムハンマドはマディーナにある預言者モスクの西側に競技場を設け競馬も行いました。競技場の隣にはモスクが建設され、サバーク・モスク（競技場のモスク）と呼ばれました。

# 社会的価値
## 人びとの生活に価値を与えました

### ムハンマドは愛し合うことを推奨しました

ムハンマドは言いました。

「お互いに愛し合うまで、あなた方は唯一神の真の信仰者でないと神にかけて誓う。頻繁に挨拶し合うことを習慣としなさい。そうすれば、お互いに愛し合うようになるであろう」

続けて言いました。「自分が好むものを、他の人が得ることができるようになるまで、あなた方は真の信徒ではありません」

さらに続けて言いました。「信徒の苦難を克服する手助けをする者には、最後の審判の日に、唯一なる神がその者の苦難を克服する手助けをされよう。唯一なる神は、他人の手助けしているどのような者をもいつでも助けてくださる」

明るい笑顔で人に接することは善行である

### 挨拶をすることは平和のメッセージ

さらにムハンマドは言いました。「どんな小さな行いもおろそかにしてはいけない。先に挨拶をする者のほうが、挨拶をされる者よりも神と近い距離にある」と言いました。また、人との接し方においては、「食べ物を提供し、顔見知りの者にも、またそうでない者にも挨拶することだ」と答えています。

## ムハンマドは常に人びとと温かい気持ちを持って挨拶を交わした

真正伝承によると、ムハンマドは人に合うときには明るく振る舞い、握手をするときには相手が先に手を放すまで手を放すことはありませんでした。

## ムハンマドはユーモアのセンスがあった

彼は活気に満ちた楽観的な人物でした。彼と接した人は、誰もが好意的な人物だと敬意を表しました。友人や家族と話すときも、ユーモアを忘れなかったと伝えられています。

ムハンマドの時代、走ることのような競技はよく娯楽として行われていました。
ムハンマドは彼の妻や子どもたちとよく走っていたと伝えられています。

## 老いた女性ともユーモアのセンスを交えて

伝承によれば、１人の老いた女性が天国へ行けるようにムハンマドに祈ってほしいと頼んだところ、ムハンマドは「唯一神の天国に老女は入れません」と答えました。老女が困惑の表情を浮かべると、「あなたは(そして誰もが)天国へ入るときには若返るでしょう」と付け加えました。

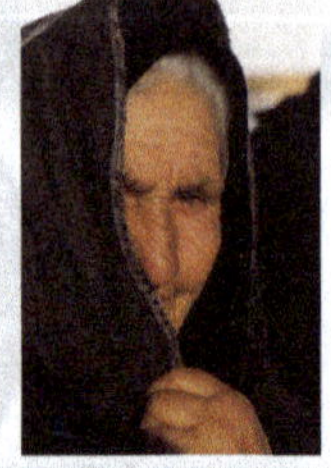

## 友人に見せたユーモアの感覚

あるとき、ムハンマドはスハイブ（ローマ人ムスリム）という目が腫れあがった男と会いました。ムハンマドは彼を勇気づけるため、冗談を言うことを思いつき、「どうしてナツメヤシを食べているのに、君の左目は腫れているのか？」と尋ねました。ムハンマドが冗談を言っていることに気づいたスハイブは、「心配しないでください、私は口の右側だけを使ってナツメヤシを食べています（彼の右目は問題なかった）」。

アナス・ビン・マーリクによれば、ある日、一人の男がムハンマドのところへやって来て、彼のラクダに乗せてくれるように頼みました。ムハンマドは、「では雌ラクダの子どものラクダに乗せてあげよう」と言いました。男は「子どものラクダに乗れと言うのですか？」と言ったので、預言者は「どのラクダも雌ラクダの子どもではないか」と答えたといいます。

## ムハンマドはこよなく子どもを愛した

ムハンマドは子どもをみると必ず声をかけ、遊び相手になりました。ある日、預言者は鳥が死んで悲しんでいる男の子に出会いました。ムハマンドは用事があって出かけるところでしたが、その男の子の悲しみが癒されるように、しばらくの間一緒に過ごしました。ムハンマドはやさしくキスしたり抱きかかえたりして子どもへの愛情を示すよう、そして子どもたちには分けへだてなく公平であるよう親たちに求めました。

ムハンマドは、自分の子どもにキスをしない父親は慈悲の心が欠如していると言いました。

## ムハンマドは隣人を大切にした

ムハンマドに対し好意を示さないユダヤ人の隣人がいました。そのユダヤ人が病気になったとき、ムハンマドは心配して彼の家まで見舞いに行きました。ムハンマドの訪問によって彼の心は和みました。またムハンマドは彼の下で一時期使用人として働いていたユダヤ人の少年が病気になったときにも、自宅へ見舞いに行きました。

隣人に
親切であれ

## ムハンマドは隣人愛を強調した

ムハンマドは、大天使ガブリエルが繰り返し隣人愛を推奨していると教友たちに話しました。隣人愛について、ムハンマドは唯一神と最後の審判の日を信じる者は隣人に親切でなければならない、とよく人びとに話していました。

ムハンマドはあるとき、教友アブー・ダルに言いました。「スープを作るときには、水を余分に入れなさい（スープの量を増やしなさい）。そうすれば隣人に分け与えるのに十分な量になるでしょう」

## ムハンマドは不道徳な振る舞いを嫌いました

ムハンマドは道徳的に振る舞う者は、最後の審判において神に愛される存在になるであろうと語りました。また以下のようにも話しています。

「お互いに忌み嫌ったり妬んだりせず、仲の良い兄弟のように振る舞いなさい」

「唯一神の信者は悪い言葉を使ったり罵ったりすることはありません」

## 中傷してはいけない

ムハンマドはクルアーンの節を朗誦しました(ムスリムはクルアーンが神の言葉であり、ムハンマドのものではないと信じています)。

「信仰する者よ、ある者たちに他の者たちを嘲笑させてはならない。
嘲笑された者たちが彼らよりも優れているかも知れない。
女たちにも他の女たちを嘲笑させてはならない。
その女たちが彼女たちよりも優れているかも知れない。
そして互いに中傷し合ってはならない。また侮辱し合ってはならない。
悔い改めない者は不義の徒である」

(聖クルアーン第49章11節)

## 不吉なこと、邪推、詮索、陰口を慎みなさい

「信仰する者よ、邪推を避けよ。まことに邪推は深刻な罪である。
互いに詮索し合うことも、かげ口をきいてもならない。
死んだ兄弟の肉を食べるのを誰が好もうか。
あなた方はそれを忌み嫌うではないか。アッラーを畏れなさい。
本当にアッラーはたびたび赦される御方、
もっとも慈悲深い御方であられる」

(聖クルアーン第49章12節)

## 悪い噂を広めてはならない

「信仰する者よ、もし罪深い者があなた方に情報をもたらしたならば、それを信じる前に慎重に検討しなさい。これはあなた方が、
気付かないうちに人びとに危害を及ぼし、
その行ったことを後悔することにならないためである」

(聖クルアーン第49章6節)

## 礼儀作法を通して価値を増す

ムハンマドは礼儀にかなった振る舞いを大切にしました。その作法は、彼の示す規範と暮らし方（スンナ）の一部であると、仲間たちに教えました。さらにクルアーンの多くの章句が、おだやかな振る舞いや礼儀正しい振る舞いを強く求めています。天使たちは人間を困惑させる大きな声やひどいにおいなどによって困惑させられる、とムハンマドは述べています。

以下はイスラームの礼儀作法の要点です。

- 声高に話したり、横柄に歩いたりしてはならない。
- 病人を見舞ったときは長居せず、病人をゆっくり休ませる。
- モスクへ行くときは良いにおいを身につけていなければならない。
- ニンニクやネギを食べた者はモスクへ入るべきでなく、においで人に不快な思いをさせてはならない。
- 人のさまたげになってはいけない。集団礼拝のとき、混み合っているときは他の人のために場所を空ける。

- 人を呼ぶときは名前か、その人の好むニックネームで呼ぶ。
- あくびをするときは口に手をあて、他の人がくしゃみをしたときは祝福する。
- 両親とはおだやかに話し、面と向かって声を張り上げてはならない。
- 子どもたちは、昼間の一定の時間に両親の部屋へ入ることを許されるが、入る前には入室の許しを得るため扉をノックしなくてはならない。
- 水は先に人にあげ自分は最後に飲む。
- 食事に招かれたときは、自分に近いものから食べ人が食べるのをさまたげてはならない。
- コップで水を飲むときは、コップの中に息を吹き込んではならない。

### 女性への礼儀

視線を低くして、女性や通りすがりの人びとを
凝視してはならない。
ムハンマドは妻のサフィーヤがラクダに乗るときに、
手助けするため彼の腿が踏み台になるよう膝を曲げていた、
と伝えられています。

（アナス・ブン・マーリクによる伝承-ブハーリー.9/20）

## ムハンマドはいつも人の意見に耳を傾けました

彼はいつでも二通りの方法で、信徒たちに理解され認められる教えを伝えました。求められたことを法に従いつつ達成できるのであれば、いつも両方とも受け入れました。

「ザート・アッ・サラースィル」の戦いで、ムスリムの司令官アムル・ブン・アル・アースは、グスル（沐浴）をしないで礼拝の先導をしたことを非難されましたが、ムハンマドはアムルの弁明を聞き承服しました。なぜならば、その夜は寒く水を浴びれば病気になり、礼拝に立つ人びとを先導できなかったであろう、とアムルはムハンマドに話したのです。

**ムハンマドは現実的で扱いやすい人だった**

アナス・ブン・マーリクは、10年にわたってムハンマドに仕えましたが「なぜこれをしたのか、なぜあれをしなかったのか」などと聞かれたことはなかったと話しています。

## ムハンマドは協議と民主主義（シューラー）を奨励

ムハンマドはどんなときでも、必ず仲間たちや妻に相談しました。信徒たちに客観的な立場に立ち、物事を合理的に判断するよう助言し、彼らに発言権を与え協議に参加させました。

マッカの首領が他のアラブの諸部族を糾合しマディーナを総攻撃しようとしたとき、一人のペルシャ人のムスリムがマディーナの北側に塹壕を掘って街を守る案を提案しました。

それはアラブの諸部族の間ではかつて行われたことのない外国人の発想であり、軍人の考えではなかったもののムハンマドは真剣に検討し、多くのムスリムたちの賛同を得ました。そして彼らは全長5.5km×幅4.6mの塹壕を掘ったのです。

またバドルの戦いのとき、ある人物がムハンマドに言いました。「預言者様、この地域に野営するという判断が啓示によって下されたものでないのであれば、野営地を別の場所に移すことを提案してもいいでしょうか」。そして、その人物が提案理由を申し述べ、皆で協議した結果、ムハンマドは快くその提案を受け入れました。

ムハンマド。アラビア語で芸術的にデザイン化されている。
芸術家ファリード・アル＝アリー氏の好意による

## 他の信仰を持つ人びとを尊重する

ムハンマドは仲間たちに、誇りを持ち強い信念でイスラームを信仰すると同時に、他の信仰を持つ人びとにも友好的かつ率直に接するよう求めました。

ムハンマドは、機会あるごとに信仰が異なる人びとに対しても敬意をはらいました。ユダヤ人の葬儀の列がムハンマドたちの近くを通り過ぎたとき、彼は立ち上がって葬列に敬意を表したと伝えられています。運ばれる亡骸に向かってなぜ立ち上がったのか、と尋ねた人びとにムハンマドはこのように答えました。「（人種、信仰、社会的階級に関係なく）彼は人間です」

## 異なる信仰を持つ人びととの対話・平和的共存

異教徒の対話

異なる信仰や伝統を持つ人びととの対話は、相互の意志疎通と話し合いの二つの方法があると明示されています。それはお互いに不信感や無理解から脱し、対立から和解へと向かう肯定的な結果に到るためのものです。

*ボスニアの大ムフティー、ムスタファー・セリク博士とパラマッタ教区のケヴィン・マニング司教。2007年、オーストラリアのシドニーにて*

西暦632年、ムハンマド はマディーナの預言者モスクで、ナジュラーン（イエメンの町）から派遣されたキリスト教徒の代表団を迎えました。代表団の訪問の目的は、イスラームについて学び、イスラームとキリスト教の教えの違いについて話し合うためでした。

ムハンマドは人びととの対話や、話し合いのための指針やルールを定めました。それは敬意、英知、相互理解、思いやりを大切にするクルアーンの教えに基づくものでした。彼はクルアーンの次の節を朗唱しました。

「英知と『良い説論』で（人びとを）あなたの主の道に招け。
最善の態度で彼らと議論しなさい。あなたの主は彼の道から
迷う者と、また導かれる者をもっともよく知っておられる」
（聖クルアーン第16章125節）

「また立派な態度なくして、啓典の民と議論してはならない。
彼らのうち侵略する（不正または正当な限度を超えた）者に
対しては別である。言ってやるがいい。『私たちは自分たちに
くだされたものを信じ、あなたがたにくだされたものを信じる。
私たちの神とあなたがたの神は同一である。
そして彼にこそ、私たちは服従するのである』」
（聖クルアーン第29章46節）

アラビア語の書道「あなた方のなかで最も優れている者は他の人によくする者である」
ハッサン・チェレビ氏の好意による

宗教的寛容

## エルサレムのウマル・モスクと聖墳墓教会

エルサレムの旧市街には、何世紀にもわたって宗教に対する寛容さを示す素晴らしい模範が存在し続けています。それはイスラーム共同体の第2代目の統治者であるカリフ、ウマル・ビン・アル・ハッターブが一滴の血も流すことなくエルサレムを奪取（西暦638年）して以来のことです。

ウマルはエルサレムの大主教ソフォロニウスに聖墳墓教会での祈りに招かれました。この教会は復活教会（東方正教会のアナスタシス）としても知られています。聖墳墓教会は世界のキリスト教徒にとってもっとも神聖な場所となっています。

この教会は、キリスト教徒にとってイエスが架に磔刑にされたところと信じているカルバリ（ゴルゴタ）と埋葬場所（墳墓）を取り囲むように建っています。そこは西暦4世紀以来キリスト教徒にとって重要な巡礼地となっています。

注目すべきことは、ウマルが教会の中での祈りを辞退したことです。ウマルは「もし私がここで祈ったならば、この教会はムスリムたちによってモスクあるいは礼拝の場所とみなされてしまうでしょう」と言いました。

その代わりにウマルは教会の外で礼拝を捧げたされています。彼のとった行動はイスラームと他の宗教の平和的共存を確証するものでした。さらにイスラームの地における非ムスリムの、礼拝の自由を保障するものでもありました。

この歴史的出来事を記念してウマルが祈った場所にモスクが建設され、それはのちにウマル・モスクと呼ばれるようになりました。

そしてカリフのウマルは、聖墳墓教会の管理をウバダ・イブン・アル・サーミトに委ねました。ウバダは預言者ムハンマドの教友であり、エルサレムの地で最初のムスリムの裁判官となった人物です。ウバダは西暦658年に死去し、聖域を取り囲む壁の南の方角にある墓地「慈悲の門」に埋葬されました。その聖域の丘には岩のドームとアクサ・モスクが建てられています。

エルサレムのウバダの墓

## ウマルの盟約

ウマルはエルサレムの人びとに、「ウマルの盟約」として知られる平和と保障の盟約を与えました。それは現在にいたるまでモスクの扉に掲げられています。

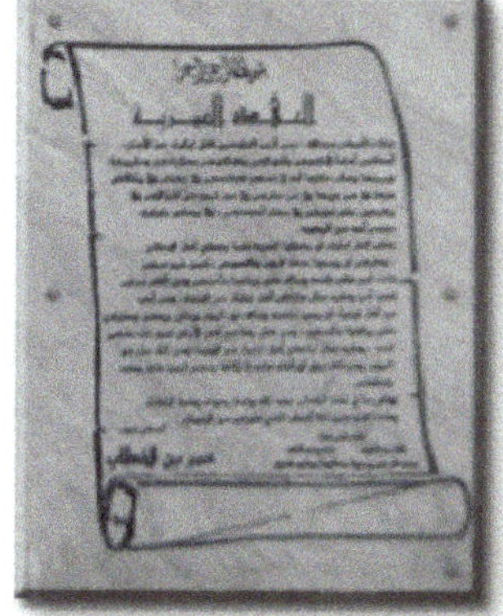

### ウマルの盟約

**慈悲深く慈愛あまねき神の御名において**

これはアッラーのしもベウマルによってイリア（エルサレム）の人びとに与えられる平和と保障の確約です。
ウマルは人びとの生活、財産、教会を保障し、
同様に病人、健康な者にかかわらずすべての宗教共同体の人びとの生存を保障する確約を与えます。

人びとの教会は占領も破壊もされず、その全体も一部も取り去られることはない。また宗教において強制されることも、不当に扱われることもない。
イリアの人びとは町の居住者の務めとして人頭税（ジズヤ）を納めることになります（ムスリムたちも同様の税、ザカートを納めています）。

## 交易や取引の倫理

ムハンマドは高潔なイスラームの価値観に基づいた交易や取引を奨励し、詐欺行為、倫理に反する取引、ごまかし、ぺてん、独占、搾取を非難しました。

ムハンマドは次のように言っています。誰であっても詐欺行為を働く者は私たちの仲間ではない。神は、買うときに寛容な者、売るときに寛容な者、そして権利を要求するときに寛容な者に恩恵を授け給う（ブハーリー、2076/16）。

### 嘘をついたり約束を破ることは偽善である

ムハンマドは言っています。

以下の４項目にあてはまる者は偽善者とみなされます。この中の一つでもあてはまる者は、それをやめるまで偽善者とみなされます。

❶ 信頼されるたびに裏切る。
❷ 話すたびに嘘をつく。
❸ 誓約をたてるたびに不誠実であることが判明する。
❹ 仲違いするたびに不謹慎で不道徳な態度をとる。

現在のマディーナにある市場

## 自由交易区

ハンマドはマディーナ到着後、すぐに土地を購入し自由な取引のために寄進するよう仲間たちに指示しました。人びとはいかなる手数料も課税金も払うことなく、その場所で売買することができました。彼らはそこを「マナハ」と呼びました。

「マナハ」とは、ラクダが背に乗せて運んできた荷を降ろすために（商取引の目的で）座る場所を意味しています。

その土地は現在まで残されています。下の写真は14世紀前に預言者ムハンマドが自由交易区として割り当てた土地にめぐらせた壁です。

現在のマナハの壁

写真はオマーンにあるグランド・サルタン・カブース・モスク。アーチ型のフォルムや壁の装飾、木製の天井などが美しいイスラーム建築です。

## 後注

1 リヤーダ・アッ－サーリヒーン（183/3）（245/2）、サヒーフ・アル－ブハーリー（13）

2 リヤーダ・アッ－サーリヒーン（121/5）

3 リヤーダ・アッ－サーリヒーン（858/2）

4 サヒーフ・アル－ブハーリー（11）

5 サヒーフ・アル－アルバーニー、アブー・ダーウード、イーマーン・アフマド、ティルミズィー

6 リヤーダ・アッ－サーリヒーン（862/1）、ブハーリー（598/10）

7 リヤーダ・アッ－サーリヒーン（1591/1）、サヒーフ・アル－ブハーリー（6065）

8 リヤーダ・アッ－サーリヒーン（1734/1）（1738/3）

エルサレムにある岩のドーム。写真家ピーター・サンダー氏撮影

# 女性

ブルー・モスク（イスタンブール、トルコ）

# ムハンマドは女性たちに権利を与えた



イスラーム以前のアラビアでは、女性に市民権は与えられていませんでした。女性よりも男性に重きが置かれ、女子が誕生したときには父親が新生児を生き埋めにすることさえありました。

## 男女差別をしない

ムハンマドは男女差別をしてはいけない、性別にかかわらず子どもを養育するようにと教友たちに指示しました。女子については成長し結婚するまで、男子よりもむしろ手厚く育てるようにと強調しました。ムハンマドは言いました。

「女性は男性と対を成すものである」

## 女性も男性同様に相続権を有する

イスラーム以前のアラビアでは女性に相続権は与えられていませんでしたが、ムハンマドはその慣習を変えることに成功しました。女性も男性同様に相続する権利を得たのです。より正確にいうならば、ムハンマドがクルアーンにくだされた唯一神の言葉を届けただけでした。そこには男性と女性がそれぞれどれだけの割合を相続するかが明示されています。

対称形に美しくデザインされたアラビア文字による「ムハンマド」この書の形によく似ている。アラビア語でMの音とHの音を表す文字（「ムハンマド」という語の前半の部分）が、Mの音とDの音を表す文字（「ムハンマド」という言葉の後半の部分）と同じ形で繰りかえされています。

## 女性は独自の存在意義を備えている

女性は夫の所有物ではありません。女性には女性独自の存在意義があり、結婚しても名前を夫の名字に変える必要はありません。妻の存在価値は保持され、彼女が保有する土地や財産はイスラーム法によって守られています。夫が死去したときには、財産相続人の一人とみなされます。それは、イスラーム以前のように男性の相続人に所有物として相続された時代とは異なります（イスラーム以前、女性は物のように扱われていました）。

## 女性は性行為の道具ではない

買春や婚外交渉はイスラームにおいて固く禁じられています。ムハンマドは「人が性的暴行や婚外交渉を行った者に『イーマーン』（信仰）はない」と述べています（唯一神への信仰が心にしっかりと刻みこまれていないので、性的な罪を犯しても罪悪感がない）。

> *クルアーンで神は次のように述べられています。*
> *「私通（結婚前の不法な、あるいは婚姻外の性交渉）を犯してはならない。見よ、それは醜い行いであり不道徳な道である」*
> *（聖クルアーン第17章32節）*

このアラビア文字による書道は「最も高い知恵は神に対する畏れである」ということを意味しています。アラビア文字の書道家イスマイル・ハッキ氏寄贈

## イスラームにおけるヒジャーブと謙虚さ

イスラームでは、女性は髪の毛を覆うスカーフをし、適切な服装をすることが義務とされています。また、女性の身体や女性の魅力を性的娯楽や男性を惹きつけるために利用することは、イスラームの教えでは禁止されています。

女性の身体を露わにすることで注目を集めようとしたり、男性を性的に惹きつけようとする商行為や広告は禁じられます。

イスラームの教えでは、セクシャル・ハラスメント（セクハラ）、性的暴力、レイプ、ポルノなど女性の裸を商品化することは厳しい取り締まりの対象となっています。

## 結婚のすすめ

ムハンマドは人びとに結婚して家庭を持つことを勧めました。信徒たちは崇高なイスラームの価値を享受し、婚姻関係にある男女以外の性的関係を禁止しました。

一人の青年がムハンマドに密通（恋人や売春婦と性的関係を持つこと）の許可を求めたとき、ムハンマドは彼に「同じことをあなたの母親に許すことができますか」と問うと、青年は「許すことはできません」と答えました。そこでムハンマドは「あなたが忌み嫌うことは、他の人も忌み嫌うのです」と答えました。

さらに預言者が青年に、「同じことがあなたの娘や妹、叔母に起きたらどうしますか」と尋ねると、青年は「決して許すことはできません」と答えました。ムハンマドは「誰であっても自分の娘や姉妹、叔母にそのようなことが起きることを許すことはできないでしょう」と言いました。

そしてムハンマドは青年の胸に手を当てて、唯一神に懇願しました。「おお主よ、彼の罪を許し、心を清らかな者とし貞節さを与えてください」。

## ムハンマドは女性に権利を与えた

社会における女性たちの権利拡大のために、ムハンマドは週のうちの何日かを女性の教育に当てました。

ムハンマドは、女性たちにイスラームの行事や祭事、さらに礼拝にも参加するように促しました。女性の使用人ですら直接ムハンマドに会い助言や助けを求めることができました。

女性もまたイスラーム法に対して責任があるため、女性も正式な宣誓（男性が行うのと同じように）をするようにと説きました。

女性は国家を担う次の世代を育てるという社会的に重要な任務を負っています。それゆえムスリムの女性は、男性とそれぞれの役割を分ち合いながら活動できるように権限が与えられています。

女性の仕事は、子どもたちの世話や彼らを健康に育てることに重きをおかれていたものの、彼女たちはまた他の仕事もし、社会活動や政治活動にも積極的に参加していました。

## ムハンマドは女の子の世話をすることを推奨した

ムハンマドはしばしば女性を大切に扱うことの重要さを強調し、女性のことを「ガラスのように繊細」であると言い表しました。またムハンマドは女の子を正しく育て正しい信仰に導く者は天国への道が開かれるだろうと言いました。

## ムハンマドの母親に対する絶対的な敬愛

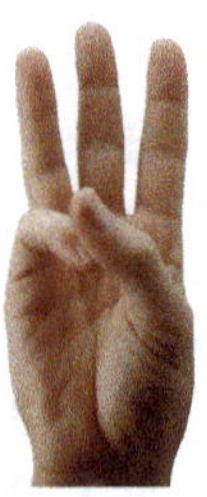

一人の男がムハンマドに、「私が信頼し、最も近い存在に値するのは誰ですか」と尋ねたところ、ムハンドは「あなたの母親です」と答えました。続いて男は、その次は誰かと聞きました。すると、ムハンマドは再び「あなたの母親です」と答えました。

男は同じ質問を再度し、三度目もムハンマドは「あなたの母親です」と答えました。その後、男は興味本位でもう一度同じ質問を繰り返し、四度目にして男はムハンマドが母親を労ることの大切さを強調していることに気がつきましたが、ムハンマドは「あなたの父親です」と答えました（父親は母親に次いで信頼され近い存在とされる）。

学者たちによれば、以上の話は母親が妊娠や陣痛、そして出産や授乳という子育ての大きな苦難から逃れることができない、ということに由来しているとされています。

## ムハンマドは妻たちを大切に扱いました

彼はもしあなたがある女性の特徴の一つを嫌うならば、別の特徴に満足するであろうと言いました。

もっとも完璧に近い信条を見せもっとも良い性格の信者とは、その者の妻たちに対してもっとも良くする者であると言いました。

これは愛・協調・相互理解を推進します。

## イスラームにおける離婚

離婚はイスラームにおいて認められています。しかし離婚は結婚生活を維持するために最善の努力をした後の最後の選択であるべきです。離婚が不可避ならば、別れは三つの親切とよい言葉で行わなければなりません。

*あなたが妻を離婚して定められた期限が満了したならば、*
*公平な待遇で同居させるか、または親切にして別れなさい。*
*彼女を困らせるために引きとめて、法を越えてはならない。*
*（聖クルアーン第2章231節）*

## ムハンマドは妻に愛情を捧げました

最初の妻ハディージャが亡くなった数年後、ムハンマドは親友アブー・バクルの娘のアーイシャと結婚しました。亡くなった妻への誠実さを忘れることなく、ムハンマドはアーイシャを愛し彼女にも誠実な態度で接しました。あるとき教友のアムル・ビン・アルアァスに「あなたにとって最愛の人とは誰ですか」と聞かれたときには、ムハンマドは「アーイシャです」ときっぱり答えました。

## 妻への愛を確認する

アーイシャが伝えたところによれば、アーイシャに対する愛をムハンマドは、強く結ばれた綱の結び目のようだと例えたそうです。アーイシャは時々ムハンマドに「結び目はどうですか」と尋ねたところ、そのたびにムハンマドは「以前と変わりなくしっかりと結ばれています」と彼女への愛を確認し告げました。

ムハンマドはアーイシャが羊を料理したときには、いつも亡くなった妻ハディージャの友人に料理を提供するようにと頼みました。

ムハンマドは、よくアーイシャに、ハディージャが生きていたときには彼女以上の女性はいなかったと語っていました。ムハンマドに最初に啓示が下り、人びとがそのことを信じなかったときでさえ、ハディージャはムハンマドを信じていました（当時、ムハンマドの叔父や親戚の一部でさえ彼を信じませんでした）。彼女は恥じることなく自らの財産を投じて彼を助けました。

ムハンマドの亡き妻に対する気持ちは、新しい妻アーイシャに嫉妬心を起こさせたのではないかと邪推する人がいるかもしれませんが、彼はどの妻に対しても公平で誠実でありました。

## ムハンマドの亡き妻に対する変わらぬ誠実さ

いくつかの伝承によれば、西暦630年にマッカに帰還したムハンマドは、ハディージャの墓の側に自らの天幕を張ってもらいたいと教友たちに頼んだと言われています。これはムハンマドの亡き妻に対する変わらぬ誠実な心をよく表しています。

# ムハンマドと一夫多妻制

## ムハンマドが一夫多妻制を導入したのではない

一夫多妻制はイスラーム以前から存在し、その時代には妻の数に制限はありませんでした。男性が一人以上の女性を妻なり内縁の妻や奴隷といった形で持つことはごく普通のことでした。

預言者アダムがアイザックの母であるサーラ、そしてイスマーイールの母であるハージェルの二人と結婚していたことは知られています。また、ヤコブは二人の妻と二人内縁の妻の計四人の女性を所有したと伝えられています（創世記32:22-24）。

一人の妻との25年の結婚生活

## ムハンマドは人生のほとんどを１人の妻と過ごした

彼はハディージャと25年間の結婚生活を送り四男二女をもうけました。男の子はどちらも幼少期に亡くなっています。

ハディージャが亡くなった後、ムハンマドはサウダという名前の貧しい未亡人と結婚しました。その頃ムハンマドはすでに50歳を過ぎており、サウダは彼よりも年上でした。

*これはアラビア文字で「ムハンマド」の名前を花のようにデザインしたものです。プラスチック造形家ファリード・アル・アリー氏寄贈*

## ムハンマドの親友アブー・バクルの娘との結婚

その数年後、ムハンマドは彼の親友であると同時に最大の支援者であるアブー・バクルの娘アーイシャと結婚しました。アブー・バクルとアーイシャにとって、この結婚は名誉でした。

## ムハンマドの第二の親友であるウマルの娘との結婚

その２年後に第二の親友ウマルの娘のハフサがウフドの戦いにおいて夫を亡くし、未亡人となりました。ウマルは信頼のおける友人の誰かがハフサと結婚することを望みましたが、誰も彼女に結婚を申し込みませんでした。そこでムハンマドが自らハフサに結婚を申し込みました。この結婚はウマルとハフサにとって名誉であり大きな支えとなりました。

## 敵方の未亡人ムスリム女性との結婚

ムハンマドに敵対していたマッカの長アブー・スフィヤーンの娘ラムラは、「ウンム・ハビーバ」のニックネームで知られました。アブー・スフィアーンがムハンマドに対し20年間戦い続けたにもかかわらず、娘のウンム・ハビーバはイスラームに帰依しました。

彼女は初期にイスラームを受け入れた一人で、前夫とともにアビシニアへ移住し15年もの間暮らしていました。

ウンム・ハビーバの夫はキリスト教に改宗しアビシニアで亡くなりました。彼女はアビシニアで一人取り残されていたところ、ムハンマドから結婚を申し込まれ、それを受けて彼と結婚しました。驚くべきことに、その一年後彼女の父親はイスラームに改宗しました。

## ユダヤ系部族の女性サフィーヤとの結婚

バニー・アル・ナディールはムハンマドを裏切り策謀を企てたユダヤ系部族の一員でした。ハイバルの町でムハンマドが彼らを包囲した後、彼らは降伏してきました。

その部族の長の娘であるサフィーヤはそのとき捉えられた者たちの一人でした。ムハンマドは彼女を釈放して結婚を申し込んだところ、サフィーヤはそれを快く受け入れ結婚しました。

この結婚によって、ムハンマドはユダヤ人社会に対して敵意がないこと、さらに民族や信仰にかかわらず侵略者は制裁されるべきであること示しました。

ムハンマドが死去した後、サフィーヤがムハンマドは愛情深く公平な夫であったことを話していたことが伝えられています。

## コプト教徒マリア

その年にムハンマドは、キリスト教徒のエジプトの長に宛ててイスラームに招く内容のメッセージを送りました。

それをエジプトの長は丁重に断り、贈り物とともに使用人としてマリアをムハンマドへ捧げました。彼は贈り物を受け入れ、マリアと結婚しました。後にマリアはイブラーヒームという男の子を出産しました。イブラーヒームは幼くして亡くなり、ムハンマドは深く悲しみました。

## 一夫多妻制を制限するようにとの神からムハンマドへの命令

イスラームは一夫多妻制を禁止しませんでしたが、それを制限しました。イスラームにおいて一人以上の妻を持つことは定められた条件のもとで許されています。

男性は妻たちを尊敬し公平に扱うことができるのであれば第二夫人を娶ることが許されています。聖クルアーン第4章3節には、妻を正しく公平に扱うことができないのであれば男性は一人以上の女性と結婚することができないと書かれています。

また同じ節に妻たちを公平に扱える男性は四人までを限度に妻を娶ることができると書かれています。

この啓示が下るまで、男たちは無制限に多くの妻たちを娶ることができました。

## 預言者ムハンマドに対する制限

預言者ムハンマドはこの啓示が下る以前に四人以上の妻と結婚していました。妻たちにとって「唯一神の預言者」の妻であることは信者たちにとっての母という称号だけでなく、名誉でもありました。唯一神によってその後ムハンマドの妻たちは彼にとって合法であるとの啓示がくだりました。しかし、例え妻と離婚したとしても、その後彼が他の女性を娶ることは許されませんでした。

## 預言者ムハンマドの妻の制限

ムスリムは預言者ムハンマドの死後も彼の妻たちと結婚することは許されませんでした。なぜならば彼女たちはムスリムにとって母のような存在だったからです。

信徒たちの母

クルアーンの中で、預言者の妻たちは他の女性たちとは異なる存在であると表現されています（ムスリムは彼女たちを信者たちの母、すなわち模範であるとみなしています)。

もしも預言者の妻が明らかに罪を犯したならば、倍の罰が課せられます。逆に彼女たちが忠実に唯一神と預言者に従い、正しい行いをするならば報酬も倍になります。

## ムハンマドの妻たちには選択の自由が与えられた

唯一神はムハンマドに妻たちに、現世の生活を享受するために自由（離婚）にするか、婚姻関係を維持し生涯をかけてイスラームの道を生きることの二つの選択肢を与えるように伝えました。（聖クルアーン第33章28・29節）

すべての妻たちは後者の選択肢を選び、預言者ムハンマドとの婚姻関係を持続しました。ムハンマドが亡くなった後、誰も再婚しませんでした。

## 注釈

1. ティルミズィの伝承による。伝承者によれば、「娘を一人、二人もしくは三人持つ者が、彼女たちが独立するまでの間正しく面倒を見るならば、その者は唯一神の天国へ入ることができるであろう」とムハンマドが言ったと伝えられています。
2. クルアーンはどちらの両親に対しても親切であるようにと強調しています（聖クルアーン第 2 章 17 節など）。
3. 聖クルアーン第 2 章 229 節を参照。
4. ヒンドゥー教を含む他の宗教における一夫多妻制については、当初規制がありませんでした。1954 年になって婚姻法が制定され、ヒンドゥー教徒の男性が一人以上の妻を持つことが違法となりました。現在インドの法律では、ヒンドゥー教徒の男性が一人以上の女性と結婚することは規制されていますが、それはヒンドゥー教の経典による規制ではありません。
5. ヤコブ一家については、創世記 32・22-24 を参照
6. ムハンマドは息子の死を深く悲しみ、教友の前で涙を流したほどでした。父として涙を堪えることができなかったのです。ムハンマドは教友たちに自分は唯一神が喜ぶことしか口にせず、信者は唯一神が定めた運命を受け入れるべきだと言いました。
7. ムハンマドの妻たちについては、聖クルアーン第 33 章 50-52 節を参照

# 人権

人びとよ、われは一人の男と一人の女から
あなた方を創り種族と部族に分けた。
これはあなた方を、互いに知り合うようにさせるためである。
アッラーの御許でもっとも貴い者は、
あなた方の中でもっとも主を畏れる者である。
本当にアッラーは全知にしてあらゆることに通暁なされる。

（聖クルアーン第49章13節）

# 自由・正義・保障



## 「強制せず」がイスラームの根本原則

預言者ムハンマドは自らが唯一神からの使徒であると宣言しました。彼は神から人類への教えを授かり、人びとに伝えるために奮闘しましたが、この教えを強要することは決してありませんでした。彼は誰もが信教の自由と選択を保障するクルアーンの章句を朗誦しました。

「もし主の御心なら、地上のすべての者はすべて信仰に入ったことであろう。あなたは人びとを、強いて信者にしようとするのか」
（聖クルアーン第10章99節）

「宗教に強制があってはならない。正しい道は迷誤から明らかに（分別）されている。それで邪神を退けてアッラーを信仰する者は、決して壊れることのない、堅固な取っ手を握った者である。アッラーは全聴にして全知であられる」
（聖クルアーン第2章256節）

## 人種、民族を超えた公平と平等

イスラームにおいて、すべての人びとは人類の構成員であり、法のもとに平等であるとされています。唯一神から見て個人の優劣は、篤信と高い道徳にのみあります。ムハンマドは次のように述べています。

あなた方の主はただ一人です。すべての人間がアダムの子孫であり、アダムは土から創られました。敬虔さ以外にアラブ人がアラブ人以外の人びとより優れていることはなく、またアラブ以外の人びとがアラブ人より優れているわけでもありません。敬虔さのみが人が他の人より優れているかどうかの目安なのです。

## ムハンマドは奴隷の解放を奨め奴隷制を廃止するためのイスラーム的規制を導入しました

奴隷制はムハンマドの時代以前から世界各地に存在する制度でした。奴隷は財産で、富の一部とみなされていました。しかし、イスラームが人びとの財産と富の所有を認め始めたことから、奴隷制は徐徐になくなっていきました。

イスラーム法では、法を犯したときの罰として所有する奴隷を解放するか、他の人が所有する奴隷を買い取って解放することが義務づけられています。また、正当な理由なく奴隷を虐待したり酷使したりしたときには、その許しを請うために奴隷を解放することが求められます。このような形での奴隷解放は奴隷制が廃止されるまで続きました。

ムハンマドは信者たちに唯一神のために奴隷を解放することを推奨しました。あるときムハンマドはアブー・マスウードという男が奴隷を鞭打ちにしているのを目にし、きっぱりと言いました。

「この奴隷に対するあなたの能力以上に、唯一神は全能であることを理解するべきです」。するとアブー・マスウードは冷静さを取り戻し、「私は唯一神のためにこの奴隷を解放します」と言うと、ムハンマドは「もしあなたがそうしなければ地獄の業火があなたに及ぶでしょう」と言いました。

## 人びとの安全を保障

10万人もの信者を前に、ムハンマドは「最後の説教」でこのように述べました。

人びとよ、唯一神の信者たちは兄弟以外の何者でもありません。あなた方は兄弟の所有物を当人の承諾なしに取り上げることは許されません。あなた方にこのメッセージを伝えることができたでしょうか？ 我が主アッラーよ、どうか私の証人となってください。

背後から首を強打するようなことは決してしてはいけません。実に私は唯一神の聖典と私の模範をあなた方のために残しました。これらに従えば邪道に入ることはないでしょう。あなた方にこのメッセージを伝えることができたでしょうか？　我が主アッラーよ、私の証人となってください。

## 誰にも与えられる法の下での平等

ムハンマドは誰もが法の下に平等であり、社会的立場にかかわらず法を破る者は罰せられるべきだと強調しました。法律が公平に施行される限り、人びとは公平さと安全を享受することができます。

例えば、窃盗や略奪は他者の財産を持つ権利を侵すことです。それを侵した者は人種や民族、社会的地位に関係なく罰せられるべきです。ムハンマドは誰でも、例え私の家族であっても法を侵すことはできないと述べています。また、彼は愛する娘ファーティマであっても、もし彼女が盗みを働いたのであれば、迷うことなく罰するであろうと明言しました。

## 公正な裁定に関するトーマとユダヤ人男性の話

あるときトーマ・ビン・ウバリークというアラブ人男性が鉄の盾を盗み、ユダヤ人の友人宅に隠しました。その結果、ユダヤ人が鉄の盾を盗んだとされてしまったのですが、彼はそれを否定しトーマを責めました。

真犯人が見つかるまでの間、アラブ人ムスリムたちはトーマに同情し、ムハンマドが裁定するように求めました。その結果、イスラーム的公平さが優先され、トーマは有罪となり、ユダヤ人男性の無罪が証明されました。この出来事に対して聖クルアーンの正義を説く次の節が下されました。

「誠にわれは、真理をもってあなたに啓典をくだした。これはアッラーが示されたところによって、あなたが人びとの間を裁くためである。あなたは背信者を弁護してはならない」
（聖クルアーン第4章105節）

## 女性の権利と義務

ムハンマドは別離の垂訓の中で、次のように述べました。

人びとよ、あなた方は女性に対して権利を有していますが、彼女たちもあなた方へ権利を有しているのです。

あなた方は、神の信頼とお許しの下にのみ、妻として自分のものにしたことを思い出しなさい。あなた方の伴侶であり、献身的な援助者である女性に対して親切に優しく接しなさい。

## 孤児の権利の保障

ムハンマドは孤児に関する唯一神からの命を伝えました。クルアーンにムスリムは孤児の権利を保障し、優しさと公平さをもって孤児と接するようにと示されています。

「不当に孤児の財産を食い減らす者は、本当に腹の中に火を食らう者。彼らはやがて烈火に焼かれるであろう」
（聖クルアーン第4章10節）

ムハンマドは言いました。

**孤児の世話をすること**

人差し指と中指を差し出して「私と、孤児の世話をする者は、楽園でこのようになるでしょう」

## 信託をもとの所有者に返還する

ムハンマドはある人から葬儀の礼拝を先導してほしいと頼まれたとき、「この人は、人からお金を借りたり、返還していない信託があったりするであろうか」と教友たちに確認しました。彼らが「はい、あります」と答えると、その信託を持ち主に返すように指示し、その後、死者のために礼拝を先導しました。聖クルアーン第4章58節には次のように書かれています。

> *「誠にアッラーは、あなたがたが信託されたものを、*
> *もとの所有者に返還することを命じられる。またあなたがたが*
> *人の間を裁くときは、公正に裁くことを命じられる。*
> *アッラーがあなたがたに訓戒されることは、何と善美なことよ。*
> *誠にアッラーはすべてを聴きすべてのことに通暁なされる」*

## 相続人の権利の保障

イスラーム法によれば、人が亡くなったとき、その人物の近親者に対し規定の割合の財産が割り当てられ(亡くなった人の富や財産を)相続する権利があります。イスラームは3分の1以上の遺産を、寄付や義援金にあてることを許していません。これは相続人の権利を守り、すべての相続人に公平な財産の分配を保障するためです。

ある教友がムハンマドに膨大な財産を所有していること、相続人が娘一人だけであると伝えました。そして彼は財産の3分の2を施しとして納めることが可能かどうかムハンマドに尋ねました。ムハンマドが「できません」と答えると、男性は3分の1ではどうかと尋ねました。するとムハンマドは「3分の1です。自分の相続人が無事に暮らせるよう財産を残すことの方が、相続人が助けを乞うようになるよりも良いでしょう」と答えました。

## イスラームの利息の禁止

ムハンマドは「唯一神は利息を禁じました。利子による負債は、放棄されます。あなたの資産はあなた自身で管理するものであり、不公平を被ることはありません。アッラーが利息を禁じました」

*「利息を貪る者は、悪魔にとりつかれて倒れた者がするような起き方しかできないであろう。それは彼らが「商売は利息をとるようなものだ」と言うからである。しかしアッラーは、商売を許し、利息（高利）を禁じておられる」*

*（聖クルアーン第2章275節）*

アラビア文字で「ムハンマド」の名前が、円形になるようにデザインされている。造形芸術家ファリード・アリー氏の好意による。

## 殺人と流血の禁止

ムハンマドは復讐や仕返しする習慣を廃止しました。別離の垂訓で彼は宣言しました。

「イスラーム以前に認められていた、殺人によって生じる権利は、今後は放棄される。まず手始めに私はラビーウ（ムハンマドの親類の一人）の殺害によって生じた権利を放棄する」

## 故意の殺人と過失による殺人

故意による殺人の加害者は処罰されなければなりません。一方、誤って人を殺してしまった、あるいは事故によって子どもの命を奪ってしまった場合には、亡くなった人の家族に対して賠償金を支払われなければなりません。ムハンマドの時代、その賠償金はラクダ100頭でした。それ以上を求める者はイスラーム以前の暗黒の時代の者であるとムハンマドは語りました。

## 攻撃してきた者とのみ戦う

ムハンマドは、戦いを挑んできた敵に対し従属的でも攻撃的でもなく断固たる態度で臨むようにと教えました。ムハンマドはやむなく戦わねばならなくなったとき、戦い方や捕虜に対する扱いについての規則を定めました。

ムハンマドは一般市民を相手に戦うこと、あるいは子どもや女性、老人を攻撃したり殺害したりすることを固く禁止しました。また、そのとき環境を破壊したり樹木を伐採したりすることがないようにとも言いました。

**殺してはいけない**

一般市民、子ども、女性、高齢者

**破壊してはいけない**

環境、ことに樹木を伐採してはいけない

彼はいつも、罪深い人を忌み嫌う唯一神のため、戦いに巻き込まれたきには立ち上がって戦うべきだと説きました。敵や罪深い人との戦いについては、聖クルアーン第2章190節に守らねばならない基本的な規則が述べられています。

> *「あなた方に戦いを挑む者があれば、アッラーの道のために戦いなさい。だが限度をわきまえず侵略してはならない。まことにアッラーは侵略者を愛されない」*

## ムハンマドは自殺を大きな罪であるとみなしました

**自殺してはいけない**

ムハンマドは、次のように説いています。「鉄の武器で自殺をした者は、審判の日に業火の中で同じ鉄の武器により永遠に自分を殺し続けるであろう。毒薬で自殺をした者は、審判の日に業火の中で同じ毒薬を永遠に飲み続け、山など高い場所から身を投げて自殺した者は業火の中で同じことを永遠に続けるであろう」

## 人の命の尊厳と不可侵

唯一神こそがすべての生命の創造者であり、それを支配することができる唯一のお方であるゆえに、すべての生き物の命は唯一神に属しています。神は聖クルアーンで、アダムの息子カインが弟アベルを殺害した歴史上初めての殺人事件について、こう述べています。

「そのことのためにわれはイスラエルの子孫に対し、
掟を定めた。人を殺した者、
地上で悪事を働いたという理由もなく人を殺す者は、
全人類を殺したのと同じである。
人の生命を救う者は、
全人類の生命を救ったと同じである」
（聖クルアーン第5章32節）

非暴力

## ムハンマドは暴力を否定しています

ムハンマドは、唯一神のメッセージを伝え広めるため、暴力を用いることは絶対にありませんでした。マディーナにイスラーム共同体を確立してからも、ムハンマドがマッカに留まった小さなムスリム社会を利用したり、敵に対して問題を起こして暗殺したりすることはありませんでした。むしろ彼は、教友たちに社会秩序を守るようにと教えました。

ムハンマドは唯一神の信者たちに、いかなる行いに対しても優しさや親切さが正しく示されれば、どのような時でもどのような場合でも良い結果がもたらされるであろうと教えました。逆に、粗暴な振る舞いや不作法は何事をも台なしにするであろうと教えました。

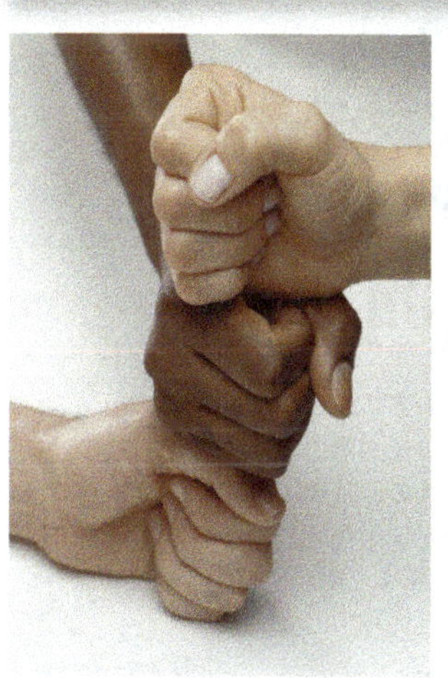

トルコ人書道家ハッサン・チェレビによって描かれたイスラームの書道。
「あなたがたが人を裁くときは、正義に基づいて裁くことが命じられています」
（聖クルアーン第４章58節）

エジプト人書道家イサム・アブドゥル・ファッタによって描かれたイスラームの書道。
「重荷を負う者は、他人の重荷を負うことはできない（審判の日に）」
（聖クルアーン第17章15節の一部）

## 注釈

1. **ネルソン・マンデラ**

南アフリカ共和国最初の黒人大統領。彼は生涯を通して民主主義と自由を獲得するために戦い、南アフリカのすべての人びとが多様性を尊重しつつ、国民として一致団結し、共存できる社会をめざしました。

神は人間を異なる国民や民族として創造しました。だからお互いに理解し合わなければならないと聖クルアーンには明確に述べられています。白人が白人でない人びとよりも優っていることはない、敬神の心を除いて。*「アッラーの御許でもっとも尊い者は、あなた方の中もっとも主を畏れる者である。本当にアッラーは、全治にしてあらゆることを通暁なされる」*（聖クルアーン第 49 章 13 節）

2. リヤード・アッサーリヒーン（1603/4),（1605/6）
3. ムハンマドは従業員として雇用したにも関わらず賃金を支払わない者に対しては、最後の審判の日に敵となるであろうと示唆しました。ムハンマドは賃金の支払いの大切さを、賃金は働いた者の汗が乾く前に支払われるべきだという表現を用いて強調しました。支払いは決して遅れてはならず、仕事が終わり次第行わなければなりません。
4. イスラーム法に関しては以下のウェブサイトをご参照下さい。
http://www.islamreligion.com/category/110/
5. サヒーフ・アル＝ブハーリ（34/8）
6. サヒーフ アル＝ブハーリ（5778)、サヒーフ・ムスリム（109）

*アラビア文字による「ムハンマド」の名前の芸術的デザイン。*
*造形芸術家ファリード・アリー氏の好意による*

第 8 章

# 環境

# 環境保護を説くムハンマドの教え



## ムハンマドは緑あふれる世界を呼びかけた

彼は環境保護を森羅万象を創造した唯一神の信仰と結びつけました。唯一神を信仰する者は、神が支配する国の自然環境を破壊することは許されていません。天然資源の汚染、すなわち水、植物、動物、土、空気、海洋の生態系といった自然環境を汚染することは、イスラーム的観点からは決して受け入れられません。

「ムスリムが種をまき苗木を植え、樹木が育って人びとや家畜や鳥がその実を食べたり役立てたりするとき、このムスリムの行いはサダカ（神から報いられる施し）とみなされる」

ムハンマドﷺ

## 自然資源は完璧な均衡を保っている

ムハンマドは信者に対し、すべての自然資源は唯一神によって創造され、それゆえに完璧に均衡が保たれていると教えています。

> 「実にすべての事物を、われはきちんと計って創造した」
> 「…そしてすべてのことは、神の御許で測られている」
> 「…それはすべてのものを完成なされるアッラーの御業である。本当に彼はあなた方の行うことを熟知なされる」
> （聖クルアーン第54章49節、第13章8節、第27章88節）

## 人びとは自然資源に対して等しく権利を有する

自然資源は唯一神からの人類への贈り物です。それゆえ私たちは自然資源を独占したり、むやみに消費したりすべきではありません。ムハンマドはすべての人間は、水、緑（植物）、火（エネルギー）に対して平等に権利を有していると述べています(合法的に民営化されたもの以外)。

### 付加価値

- 環境を汚染しない
- 環境を破壊しない
- 自然資源を無駄遣いしない
- 自然資源を有効利用するとともに再利用する

動物と植物は神が創造されたものである
「もっとも偉大なる創造者アッラーに讃えあれ」
（聖クルアーン第23章14節）

## 「危害を与えない」ことは最低限のルール

ムハンマドは自然資源の保護や環境保護は人びとが守るための最低限のルールであるとして、次のように教友たちに話しています。

「あなたは危害を加えることも被ることもありません」

「神への信仰の表し方は、神の唯一性を確証する（アッラーの他に神はない）ことを最上位として70以上もの所作がある。最も下位にあるものは人びとの道から障害物を取り除くことである」
ムハンマド ﷺ

これはアラビア文字による書道で「ムハンマド」と美しく表現されています。それは木の枝の緑の葉のように見えます。

## ムハンマドは水の公平な配分を求め無駄使いを強く戒めた

ムハンマドは礼拝のために清めをしようとしていた教友に、例え川の近くであっても水を無駄遣いしてはならないと明言しました。

また別のときは、溜まり水を汚したりその周辺で用をたしたりしてはいけないとも言いました。

アッラーは聖クルアーンで以下のように言われています。

> 「…水から、われはすべての生き物を創ったのである」
>
> 「浪費者（ぜいたくな人びと）は、まことに悪魔の兄弟である。悪魔は主に対し恩を忘れる」
>
> 「…度を越してはならない。まことに彼は、浪費する者を好まれない」
>
> （聖クルアーン第21章30節、第17章27節、第7章31節）

## 環境に付加価値を与える

ムハンマドは例え宇宙のすべてが崩壊し、すべての生命が終わりを告げようも、環境に付加価値を与え続けるようにと推奨しました。

「もし終末の日が来たとしても、手元に苗木があり、植えることができるのであれば、そうしなさい」

価値を加える

神を信じる者たちは自然環境を改善し保護することが求められます。神は、地球に悪影響を及ぼしたり、作物や家畜を絶滅させるようなことは好まれない。

*「来世の住まいを請い求め、この世においてあなたが務めるべき割り当てを忘れてはならない。そしてアッラーがあなたに善いものを与えられているように、あなたも善行をなし、地上において悪事に励んではならない。まことにアッラーは悪事を行う者を好まれない」*

*(聖クルアーン第28章77節)*

## 動物やすべての創造物は地球上の生命共同体の一員である

「地上の生きとし生けるものも、双翼で飛ぶ鳥も、あなた方のように共同体の同類でないものはない。啓典の中には一事でも、われがおろそかにしたものはない。やがてみな主の御許に召集されるのである」

（聖クルアーン第6章38節）

## ムハンマドは動物たちを丁重に扱うよう呼びかけた

彼は正当な理由なく動物を閉じ込めたり拘束したりすることに反対しました。動物を鞭打ったり叩いたりすることにも反対でした。動物を大切に扱うように、物語を通して、あるいは自ら手本を示して教えました。

## ハラールはハラールな食べ物以上の深い意味を持つ

ムハンマドは信徒たちに、神の許しがない限り、人間にはいかなる動物をも殺す権利がないことを教えました。ある種類の動物だけを、神の許し（すべての被造物への）によってのみ、人間の消費のために屠ることができます。雑食の豚を除いて、草食動物だけが食用に許可されています（牛、羊、鶏、肉食でない鳥など）。

## 合法（ハラール）な屠殺はできるだけ痛みを伴わない方法で

例えば切れの悪い刃物によって動物を屠殺してはならない（鋭利な刃物を使用せねばならない）。動物を石で打ち殺す、あるいは別の動物が見ている前で屠殺を行ってはならない。ムハンマドは動物を別の動物がいる前で屠殺した人に言った。「もう1頭を2度殺したいですか」

## 動物への道義的な扱い

あるときムハンマドは、１人の男に動物に対し優しい扱いを教える必要性を感じました。そこでムハンマドは、ラクダが「愚痴をこぼした」とその男に言いました。なぜなら、そのラクダは限度を超える荷を背負わされていたからです。

また別のとき、ムハンマドは仲間たちに言いました。「この鳥のヒナを捕まえた者は誰であれ、母鳥のもとに戻してやらなければなりません」

## 動物に対する寛容さを行動で示す

ムハンマドは、西暦627年、ウムラ(宗教的信仰儀礼)を行うため、教友たちを率いてマッカへと向かう途上、全隊列のルートを変更しました。なぜなら隊列の通り道で犬がお産の最中であり、母犬をおびえさせたくなかったからです。

## 動物に優しくする者は報われる

動物たちに対する親切な行いは神からの報奨に値します。ムハンマドは、一人の男の行いについて話をしました。その男は喉が渇いていました。井戸を見つけた男は、水を飲むために井戸の中に降りていきました。水を飲み終え井戸から出て来ると、喉の渇きであえいでいる犬を見つけました。すると男は再び井戸へ下り靴で水を汲み、犬に与えました。神はこの行いを賞賛され、男の過去の罪をお許しになりました。

別の機会にムハンマドは、神が一人の女に罰を与えられた話を仲間たちに語りました。なぜならば、その女は猫を死ぬまで閉じ込めて拘束したからです。女は猫に食べ物も与えず外に出すこともしませんでした。

第９章

# 奇跡

「言ってやるがいい。『人びとよ、私はあなた方
すべてに遣わされたアッラーの使徒である。
天と地の大権は、彼のものである。彼（アッラー）の
ほかに神はなく、生と死を支配なさる御方である。
それゆえアッラーとお言葉を信奉する、
文字を知らない使徒を信頼し、彼に従え。
そうすればきっとあなた方は導かれるであろう』」

（聖クルアーン第７章158節）

# ムハンマドにもたらされた神からの奇跡

多くの学者は、人びとを信仰へと導くムハンマドに与えられた使命は、彼以前の預言者や使者たちに与えられた使命に比べ過酷なものであったとみなしています。ムハンマドにもたらされた最大の奇跡は聖典クルアーンです。それは神からの神聖な啓示としてアラビア語で朗誦されました。

アラビア語を母語とする人たちの反対にもかかわらず、ムハンマドはアラビア半島の外のさまざまな言語、文化、宗教を持つ民族や共同体にイスラームを伝えました。

*「彼らはクルアーンについて、よく考えないのであろうか。*
*もしそれがアッラー以外のものから出たとすれば、*
*彼らはその中に多くの矛盾を見出すであろう」*
*（聖クルアーン第4章82節）*

## なぜクルアーンは永遠の奇跡なのか？

クルアーンに作者はいません。ムスリムにとって聖クルアーンは神の言葉であり、人類への永遠のメッセージであると考えます。またクルアーンは何者によっても、預言者にすら言い換えられることなく、神の言葉が記された唯一の書であると信じられています。

ムスリムたちは、クルアーンが神の言葉そのものであり、全人類への永久不変の教えであると考えています。神の言葉が、神の使徒はもとより、他の誰にも言い換えられることなく保持されている、唯一の書物だと信じています。聖クルアーン第17章88節には、このように明言されています。

*「言ってやるがいい（ムハンマドよ）。『もしも人間とジンが協力し合い、このクルアーンと同じようなものを生み出そうとしても、このようなものを生み出すことはできない』」*

*（聖クルアーン第17章88節）*

## 他に例のない聖クルアーンの継承・保存

現在の聖クルアーンは、今から1400年以上前にムハンマドに下されたものとまったく同一です。当初、クルアーンは多くの敬虔なムスリムたちによって一語一句間違えることなく暗記されました。

そしてムハンマドの死後、アブーバクル・アッシッディークが初代カリフであった時代に、初めて一冊の書物としてまとめられました。その後オスマン・ビン・アッファーンが第三代のカリフに就任したときクルアーンの写本が作成され、イスラームの各地域に配布されました。ムハンマドの死後13年後のことでした。

*これは聖クルアーンの章句の一部です。神は信徒たちに述べています。*
*「われに祈れ。われはあなた方に応えるであろう」*
*（聖クルアーン第40章60節）*

アラビア語で「タワアトゥル」とは、クルアーンの絶対的な信憑性を確認することです。なぜならクルアーンはさまざまな人びとによって世代から世代へと途切れることなく、また矛盾や違いもなく、まったく同一のものが受け継がれてきたからです。

## クルアーンの独自性

またムハンマドの言葉や教えがクルアーンと明確に区別されていることも注目すべきことです(クルアーンは人間の言葉による修飾が一切なされておらず、純粋に神の言葉だけで成り立っています)。ムハンマドの言葉や教えは「預言者のスンナ」と呼ばれ、「ハディース」という本にまとめられています。これらの本にはムハンマドの教え、生き方、またクルアーンの説明が記されています。

## ハディースと他の聖典との比較

イスラーム以外の宗教の聖典は人間によって、彼らの言葉や言いまわしで書かれています。ハディースはイスラーム学者によって編集され、ムハンマド自身の言葉や教えが盛り込まれていることから、多くの研究者たちによってハディースは他の宗教の聖典に相当すると考えられます。

例えば聖書は1400年から1800年かけて40人もの作者によって書かれました。そして、それらは66冊の書物に編集され、旧約聖書（39冊）と新約聖書（27冊）に分けられました。

クルアーン中の言葉は、人類に向けて神が話すという形式になっています。「私たち」や「私」といった名詞が「言え」のような動詞とともに使われます。（「おおムハンマドよ、彼らに言いなさい」など）ムハンマドは、はっきりとクルアーンが神の言葉であり、自らの言葉ではないと述べています。

## 比類なき朗誦方法とその保存

クルアーンが読誦あるいは朗誦されるときには「タジュウィード」と呼ばれる独特な読み方やルールを説明する知識が求められます。

「タジュウィード」はクルアーンそのものだけでなく、ムハンマドと教友たちが行っていた朗誦と同一だとムスリムたちは信じています。

クルアーンの朗誦方法はムハンマドの朗誦を直接耳にした者たちに始まり、世代から世代へと受け継がれ今日まで続いています。

独特な教科
「タジュウィード」

「タジュウィード」は独特な教科で、他のどの宗教にも存在しないと言われています。これによって、教友たちがどれほどムハンマドに敬意を払い、一語一句正確に彼の朗誦方法を保存しようとしたかがうかがえます。

## 豊かな言葉

クルアーンは正則アラビア語で下されました。アラビア語はその膨大で豊な語彙数から、イスラーム学者たちによって他のどの言語にも勝ると言われています。

このことからも、アラビア語は神の言葉を表すのに他の言語よりも適切であったと言えます。例えば、アラビア語はアルファベットが28文字ですが、英語のDを強く発音したような「ダーッド」やTを強く発音したような「ター」は他の言語に存在しません。各単語から100以上の派生語ができるため、アラビア語の語彙数は600万語以上にもなります。この数は知られている世界のどの言語の語彙数よりも多いといわれています。

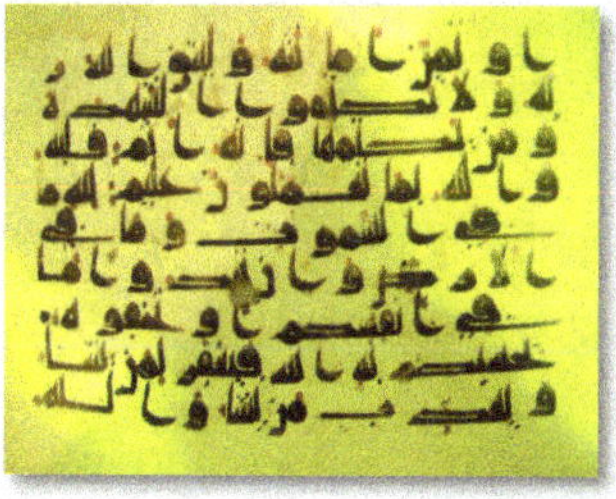

# クルアーンにおける科学的事実

## ビッグバンと宇宙の創造

ムハンマドの時代には、宇宙の創造、惑星の動き、地球が平らであるか球体であるかなどについて、誰も知りませんでした。ムスリムは、森羅万象の創造者である唯一神のみが、それらがどのように創造されたかを知っていると信じています。

1400年以上も前に、クルアーンは宇宙の創造、太陽と月の動き、地球の自転や昼と夜の仕組みなどについて言及しています。

現在の科学では、何世紀にもわたって集められた観測データに基づいた「ビッグバンの法則」によって、宇宙の創造が説明されています。「ビッグバンの法則」によれば、宇宙は大きな一つの塊であったが、巨大な爆発によって銀河系が形成されたと説明されています。

## 宇宙の膨張

西暦1925年、アメリカ人天文学者エドウィン・ハブルは観測に基づいて、銀河系と宇宙は膨張していると発表しました。その証拠として、自身の観測に基づいたデータを提示しました。また、惑星は太陽の周囲を楕円軌道の軸を中心に回っているということを科学的に証明しました。

こうした現代科学が証明した事実と1400年以上も前にムハンマドによって伝えられ、現在まで保存されているクルアーンの次のような類似点に驚かされるでしょう。

「信仰しない者たちはわらないのか。天と地は一つに合わさっていたが、
われはそれを分けた。そして水から一切の生きものを創ったのである。
それでも彼らは信仰しないのか」

（聖クルアーン第21章30節）

「それからまだ煙（のよう）であった天に転じられた。そして天と地に向かって、
『両者は、好むと好まざるとにかかわらず、われに来たれ』と仰せられた。
天地は（答えて）『私たちは喜んで参上します』と申し上げた」

（聖クルアーン第41章11節）

「彼こそは昼と夜、また太陽と月を創造された方である。
それらは、軌道に浮かんでいる」

（聖クルアーン第21章33節）

「われは力と技をもって天を打ち建て、果てしない広がりにした」

（聖クルアーン第51章47節 ）

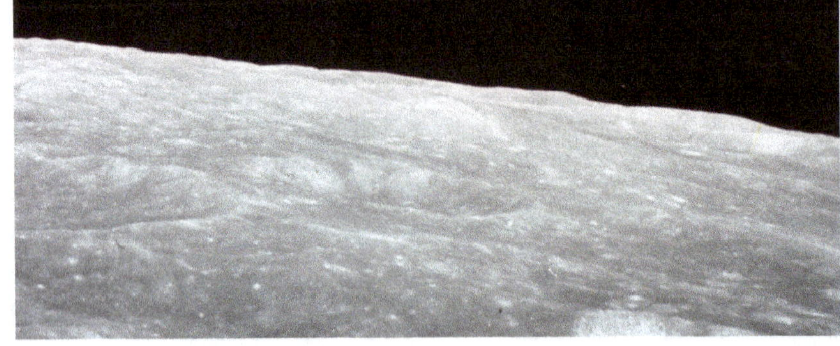

## 胎児学と人間の創造

ムハンマドは人間の創造を説明するにあたって、以下の奇跡的ともいえるクルアーンの節を朗誦しました。そのような知識は彼の時代にはなく、胎児学は1400年前にはまだありませんでした。

*「彼はあなた方を母の胎内に創られ、3つの暗黒の中において、*
*創造につぐ創造をなされた。*
*この御方がアッラー、あなた方の主である。大権は彼に属する。*
*彼のほかに神はないのである。*
*あなた方はどうしたら背き去ることができるのか」*

*（聖クルアーン第6章39節）*

現代科学は子宮の中の胎児は、胎芽の頃から（1）母親の前腹壁、（2）子宮壁、（3）繊毛羊膜によってしっかり守られていると説明されています。

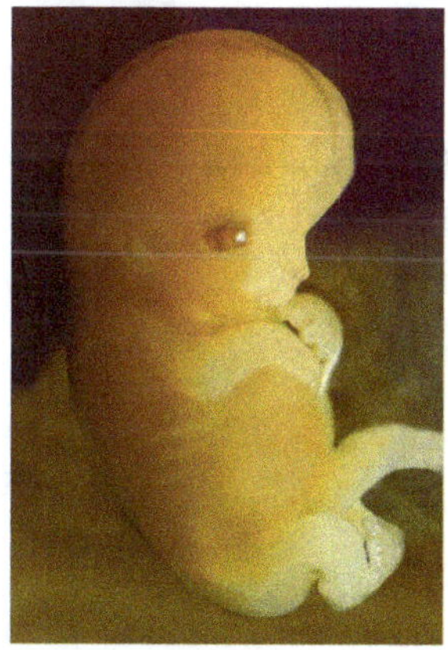

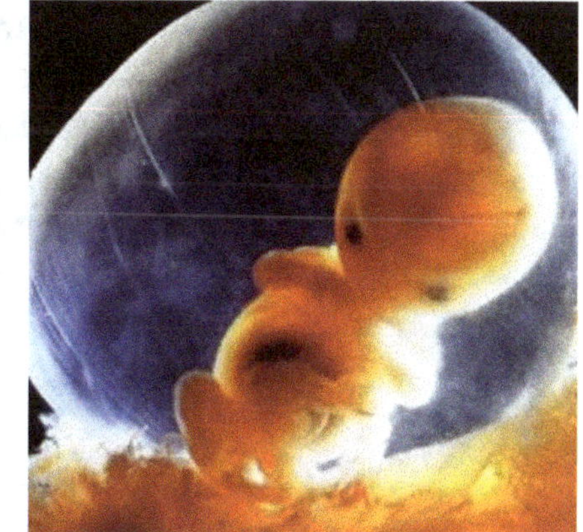

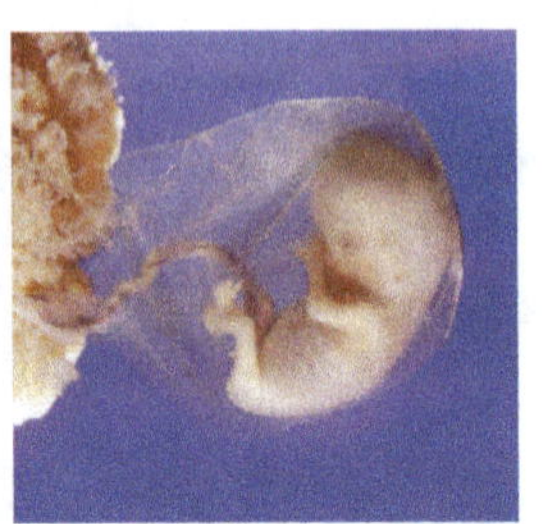

クルアーンの中に、人類の創造を描写する驚くべき章句があります。

精液

凝血

胎児核

骨

皮膚

*「われは泥の精髄から人間を創った。*
*次に、われは彼を精液の一滴として、*
*堅固な住みかに納めた。*
*それからわれは、その精滴を一つの血の塊に創り、*
*次にその血の塊から胎児の肉塊を創り、*
*次いでその肉塊から骨を創り、*
*次に肉でその骨を覆い、*
*そして彼をほかの生命体に創り上げた」*
*（聖クルアーン第23章12-14節）*

驚くべきことに、医学によって発見された胚芽の発達は、クルアーンで述べられていることと同一であり、皮膚以前に骨が形成されるという点においても上記の節と一致します。

さらに、胚芽の聴覚は母親の子宮内で視覚以前に発達することが、科学者によって発見されています。このことは、クルアーンの内容と矛盾しません。聖クルアーン第9章32節、第2章76節、第78章23節では、視覚の前に聴覚が発達すると述べられています。

*「もっとも優れた創造者アッラーに祝福あれ」*
*（聖クルアーン第23章14節）*

## 309 驚異的な年の数え方

聖クルアーン第18章25節では、300年と「9年」間、洞窟の中で過ごしたという7人の眠れる青年たちのことについて触れています。ムハンマドの時代に、なぜそれが「309年」と書かれていなかったのか知る由もありませんでした。

また当時のアラビア半島において、太陰暦と太陽暦の違いについて知る者はいませんでした。太陰暦の1年は西暦と比べて11日短く、300年で太陰暦と太陽暦の差は9年になるのです。

聖クルアーンは通常604ページに印刷され、8万語からなる114章6348節で構成されています。最も長い章は286節から成り短い章は3節のみです。

## 未来の出来事に対する驚くべき預言

聖クルアーン第30章2-5節は、次のように述べています。

*「ローマの民はもっとも近い、もっとも低い地において打ち負かされた。だが彼らは数年のうちに勝利を得るであろう。前の場合も後の場合も、すべてはアッラーに属する。その日、神の信徒たちは神の勝利を喜ぶであろう。彼は御望みの者を助けられる。彼は偉力ならびなく慈悲深き御方であられる」*

ムハンマドの時代にアラブの人びとが、当時の二つの超大国が10年後どのような運命を辿るか、あるいはその戦いに破れた国が数年後に勝利することを予想することなど不可能でした。しかしペルシャ帝国がローマ帝国に西暦614年から619年までの間にパレスチナ地方で勝利し、エルサレムの攻略に成功したことは歴史的事実です。さらにその数年後にローマ人たちはイラクの町ニネベにおいてペルシャ帝国を破り、再度勝利しました。

## 驚くべき地勢学

現代では地勢学の発展により、ヨルダン地溝帯にある死海が海抜マイナス422メートル（1385フィート）という、地球上で最も低い場所にあることはよく知られています。驚くべきことに上記の聖クルアーンの節では、ローマ人たちはアラビア半島に近い土地で敗れ、その土地は地球上最も低い場所であることが述べられています。

*註：上記のクルアーンの三節にある「アドナ」というアラビア語はもともと一番近いという意味と一番低いという二つの意味を持っています。*

## 注釈

1. 旧約聖書は紀元前 1500 年から 400 年の間にヘブライ語で書かれ、新約聖書は紀元後 1 世紀前半にギリシャ語で編纂されました。一般的に、マタイによる福音書が最古のゴスペルで、西暦 50 年から 75 年の間に書かれたと言われています。『ヨハネによる福音書』は最後に書かれたものだと考えられ、それは西暦 80 年代とされています。
2. 胎生学についての詳細は以下を参照してください。
www.eajaz.org, www.islamhouse.com

---

以下の写真は、一般に七人の眠れる青年が滞在した洞窟だと信じられています。この洞窟はアブー・アランダというヨルダン西部の地域で発見されました。ヨルダン政府はその洞窟のすぐ近くにモスクを建設しました。写真の扉は洞窟の入り口に設置されたものです。

# 預言者の言葉

預言者ムハンマドは両手の指を組んで、このように言いました。

**「信徒たちは一棟の建物のように**
**互いに強く結ばれているのです」**

（ブハーリー、ムスリム、ティルミズィーによる伝承）

ムハンマドの言葉と教えは影響力が大きく、
人生のあらゆる出来事に触れています。それは英知、
神の啓示に基づいています。

預言者の言行は「スンナ」として知られ、
クルアーンに次ぐイスラーム法の
第二の源となっています。

「あなた方の仲間は迷っているのでもない。
また間違っているのでもない。
また（自分の）望むことを言っているのでもない」

（クルアーン第53章2-3節）

ムハンマドは砂の上に三本の線を描き、そして言いました。
「これは人間です（人はこの世で、多くの望みを持ち計画を立てます）。
希望を成就したり獲得したりするために生きているならば、
死が先にその者に訪れるであろう」

「五つの前に五つを役立てなさい：
老化（老年）の前に若さ
病気の前に健康
貧しさ（貧困者）の前に豊かさ
多忙な時間の前に余暇
死の前に生」（リヤーダ・サーリヒーン）

「申し分のない信者とは、最も作法の良い者である」
（ティルミズィーによる伝承）

「多くの人が軽んじている二つの恵みとは、健康と余暇である」

（リヤーダ・サーリヒーン）

「嫉妬は次の二つの場合（だれかが所有しているものと同じものが欲しいと思っても、持ち主に対して悪意がないとき）を除いて禁止されています。一つは、神がある者に富を授け、それを正当に使うとき。二つ目は、神がある者に英知を授け、それに従って行動し、ほかの者たちに教授するときです」

（ブハーリー、73/15）

「人びとのために、物事を容易にしなさい（宗教にまつわる事柄について）、困難にしてはなりません。吉報を伝えるようにし、それを逃してはなりません」

（ブハーリー、69/11）

「正直な言葉や誠実な態度で交易や商取引をする者たちは、神が彼らとその商取引を祝福なされる。反対に、嘘をついたり真実を隠したりする者を神は祝福なさらない」

（ブハーリー、2082/22）

「自分自身を愛するように同胞を愛さない限り、あなたは
神の信徒にはなれません」（ブハーリー、13/7）

「すべてのムスリムはサダカ（任意の施し）を行う必要があります。
もし施すものを持たないならば、働いて報酬を得て施すようにしなさい。
もし仕事が見つからなければ、ほかの者の手助けをさせなさい。
もし誰も手助けする相手が見つからなければ善行を積ませ、
悪事や不道徳な行いから遠ざけなさい（回避させなさい）。
これこそが人に対する施しなのです」
（ブハーリー、1445/30）

「人が亡くなるとき、三つのこと以外には何の報奨も得ません。
人びとが継続的に利益を得られるような慈善を施した場合。
または人のためになる知識や技術を残した場合。
あるいは礼拝を欠かさず、両親のために神の祝福と御赦しを求める
善良（敬虔）な子を残した場合です」
（ムスリム、ティルミズィー、ナッサーイーによる伝承）

「どこにいても神を畏れなさい。悪い行いは善行により
補完しなさい、善い行いが悪い行いを帳消しにするように。
そして高い道徳心をもって人びとに接しなさい」

(ティルミズィー1987、アフマド5/153)

「善良（正しさ）とは高い道徳心にあります。
そして罪業（悪事）はあなた方に恥ずかしい思いをさせ（心を落ち
着かせず）、他人に知られるのを嫌悪させるでしょう」

(ムスリム15/2553)

「強者とは敵対する者を力で地に投げ飛ばす人ではありません。
強者とは、怒りがわいてきたときに自分を抑えられる人です」

(ブハーリー、ムスリム、アフマドによる伝承)

「アッラーと審判の日を信じる者は、誰でも善いこと（言葉）を
使う以外は沈黙を守るべきであり、
隣人を敬愛し客人を厚遇するべきです」

(ブハーリー6018、ムスリム74-47)

(上記の言葉はすべて、男性と女性の双方に当てはまります)

# 食物と薬にまつわる
# 預言者ムハンマドの言葉

## 予防は治療に勝る

ムハンマドは医師ではなかったものの、健康的な食生活、薬草による治療や代替治療について彼が語った内容は、のちに「預言者の医学」として知られる本にまとめられました。

ムハンマドはよく胃は満たすのに最も適さない器であると話しました。空腹を満たす程度の小食のほうが胃を満杯にするよりも好ましいのです。そうすることで、健康を害する要因を妨げることができます。

お腹を満杯にするのが一番良くない

彼は教友たちに、適度に飲み、肥満を避け、活動的で健康な生活をするように推奨しました。彼は、聖クルアーン第7章31節における唯一神の言葉を朗誦しました。

> 「アダムの子孫よ、どこの礼拝所であってもきれいな衣服を身につけなさい。そして食べたり飲んだりしなさい。だが度を越してはならない。本当に彼（神）は浪費する者を好まれない」

## ムハンマドは大麦を処方した

今日、大麦のさまざまな効用に関する研究が重要視されているように、大麦若葉は完璧な自然の栄養補助食品です。
多くの酵素、ビタミン、ミネラル、植生科学物質、鬱を防ぐ効果があるとされるトリプトファンを含む8種の必須アミノ酸を含んでいます。

### 抗鬱剤としての大麦

ムハンマドはタルビーナと呼ばれる大麦のスープが胃の病に効果があり、悲しみや鬱を助ける働きがあると話しました。彼の妻アーイシャは近親者を亡くした者に悲しみを和らげるため、タルビーナ・スープをすすめました（ブハーリーの伝承による）。

医学的な研究によると、躁鬱病は心的状態を管理する脳内の科学物質もしくは神経伝達物質が減少することで起こると言われています。



心的状態と関係のある3つの神経伝達物質とは、セロトニン、ノルアドレナリンとドーパミンです。大麦はセロトニンを抗鬱作用とするような働きがわかっています。1400年前にムハンマドが大麦を推奨した事実は驚くべきことです。

ムハンマドは小麦を食さず、大麦あるいは大麦の粉で作ったパンを食べていました。

全粒大麦には多くの栄養が含まれていることがわかっています。血糖制御や小さな血栓ができるのを防ぎ、コレステロールを下げる作用があります。

ムハンマドは、軽めの食事をとるようにと述べています。いっぱい食べたいと思っても、胃の3分の1以上を満たしてはなりません。ムハンマドは教友たちに胃の3分の1を食べ物に、3分の1を飲み物に、そして残りの3分の1を空気のためにと教えました。

（文献：ミクダム・ビン・マァド・ヤクリブ）

1/3 飲み物

＋

1/3 食物

＋

1/3 空気

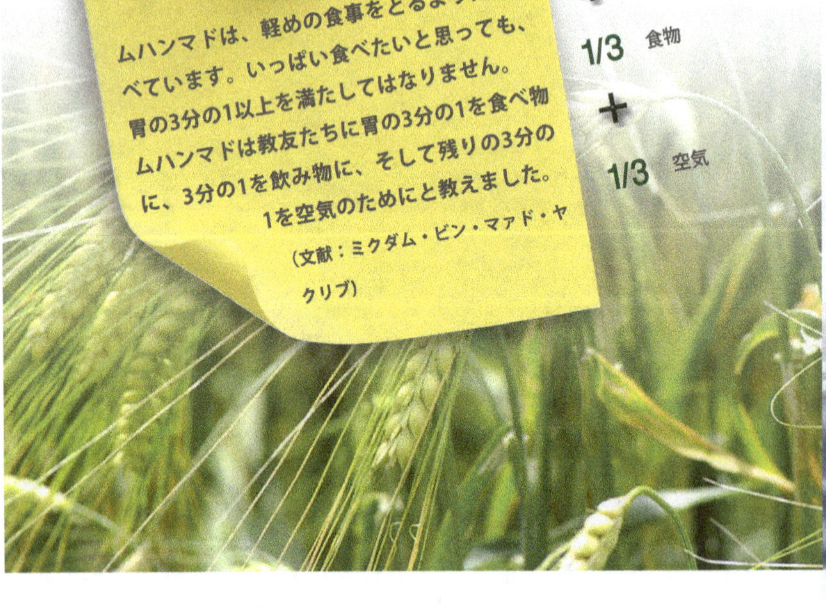

## ザムザムのミネラルウォーター

ザムザムはマッカの聖モスクのカアバ神殿から西に20メートルほど離れた場所にある、井戸から湧き出るミネラルウォーターです。ムスリムは、それが何千年も前にイブラーヒームの息子イスマーイールが喉の渇きを訴えて泣きながら地面を蹴ったところ、奇跡的に湧き出したものと信じられています（母親のハージルが水を長い間探し回った後に）。

ザムザムの水はわずかにアルカリ性（pH＝7.5）で、独特の味覚があります（蒸留水のようなミネラル成分が除かれた水を飲むと、胃の中の酸性脱塩水や酸性水素イオンを生成します。また胃酸の逆流を防ぐ効果もあります）。

ムハンマドは、ザムザムの水は唯一神からの恵の水だと言いました。それは滋味あふれる水であり、さまざまな病気を癒します（バッザールとタバラーニの伝承による）。

米国食品医薬局によって、ミネラルウォーターとは少なくとも250ppmの全蒸発残留物を含むものと定義されています。

ザムザムの水は分析の結果、mg/Lあたり1000ppmを超える総溶解固形分を含んでいることが判明しています。この数値は世界保健機関が規定する飲料水の基準を満たしています。

ザムザムの水には、骨、心臓、筋肉、神経などの正常な機能を保つために必要なカルシウム、さらに歯に必要なフッ素、食物の消化に必要な重炭酸塩といった人間の身体が必要とするミネラルが含まれています。

ザムザムの水はカルシウムが豊富で、含有量は195-200mg/Lです（この数値は成人が1日に摂取するよう推奨されているカルシウムの20％にあたります）。

例えば「エヴィアン（カルシウム含有量78-80mg/L）」や「ペリエ（カルシウム含有量147-150mg/L）」など、よく知られているミネラルウォーターよりも含有値が高くなっています。

ミネラルウォーターは筋肉や関節の炎症、リューマチ、関節炎を和らげるといった効果があるとされています。

*これはアラビア語で「ラスールッラー（神の使徒）」という意味の言葉で、小さな滴の形に構成されています。ファリード・アリー氏の好意による。*

## 医薬としてのトリュフ

ムハンマドは言いました。「トリュフは"マンナ（イスラエルの子どもらに下賜された）"の一種で、その汁は目の薬である」（ブハーリー、ムスリム、ティルミズィーによる伝承）

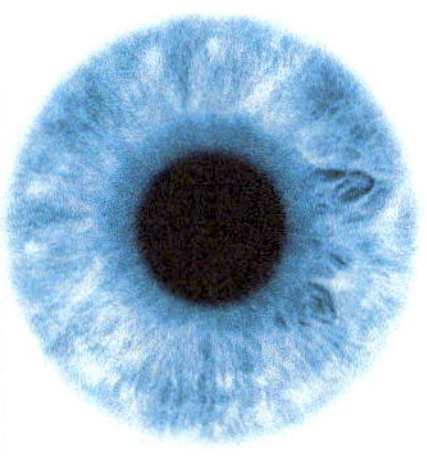

砂漠のトリュフは、ハラタケ科に属する多肉質の菌類で、キノコのような植物です。砂漠の湿った地下（深さ2-50㎝）に、葉も根もなしに群生しています。独特のにおいがあり、白、灰色または茶色のものもあります。

分析研究によると、トリュフの77%が水分で残りは蛋白質、脂肪、炭水化物とその他の物質が混合しています。

近代科学の発見により、トリュフの液は眼病の治療にすぐれた効能を持つことが明らかにされています。例えば角膜細胞の損傷を引き起こす感染性の眼疾患トラコーマに有効といわれています。

## ムハンマドとオリーブオイル

ムハンマドは、オリーブオイルは神聖な木から採取されると言いました。また、彼はオリーブオイルを食用とし、肌に塗ることをすすめました（ティルミージィーによる伝承）。

現代科学によって、オリーブオイルは健康に良いことが証明されています。オリーブオイル中の脂肪酸の大部分は不飽和脂肪酸（無害の脂肪酸）で、LDLコレステロール（悪玉コレステロール）の値を調整するだけでなく、善玉コレステロールの値を上昇させ心臓病を防ぐ働きがあるとさています。

オリーブオイルは胃にとても優しく、潰瘍や胃炎を治癒するのに有効な機能があります。

オリーブから生成されるエクストラ・バージンオリーブオイルは加工工程が短いため、高レベルの抗酸化物、特にビタミンEとフェノールを多く含んでいます。

今日、オリーブオイルは皮膚病や保湿に効果があると考えられています。また糖尿病の危険性がある人には、低脂肪かつ高炭水化物の食生活にオリーブオイルを取り入れることが推奨されています。研究によりこの組み合わせは、低脂肪食のみの食生活よりも血糖値を制限する点で優れていることが判明しています。

ムハンマドは仲間たちに、オリーブオイルを飲んだり皮膚に塗ったりすることをすすめました（ティルミズィーによる伝承）。

アッラーは、天地の光である。
彼の光をたとえれば、燈を置いた壁龕の
ようなものである。燈はガラスの中にある。
ガラスは輝く星のよう。祝福されたオリーブの木
に灯されている。（その木は）東方（の産）でもなく、
西方（の産）でもなく、この油は、火がほとんど触れないに
光を放つ。光の上に光をそえる。アッラーは御好みの者を、
彼の御光に導かれる。アッラーは人びとのために、
比喩を挙げられる。本当にアッラーは
すべてのことを知っておられる。

（聖クルアーン第24章35節）

# エピローグ

預言者ムハンマド・モスク
（アル・マスジド・アル・ナバウィ）
サウジアラビア・マディーナ

註：預言者ムハンマドの住居跡と廟は
モスクの建物につながっています。

## ムハンマド、男の中の男

歴史においても、ムハンマドの実直な性格や人間味ある人となりが頻繁に記録されています。彼の述べたこと、すなわちその教えは友愛や同胞愛に基づいています。また彼の行いには、どのような困難という言葉も入り込む余地はありませんでした。

マイケル・ハートは彼の著書『歴史に最も影響を与えた100人』の中で、次のように述べています。

*「その謙虚な性格によりムハンマドは、世界で最も偉大な宗教の一つを確立し広め強い影響力を持つ政治指導者となりました。彼が亡くなって1300年を経た現在なお、その威光は依然として強大であり広範囲な地域に及んでいます。本書に登場する偉人の大部分は当時の文明の中心に生まれ育ち、高い教養を身につけ政治的にも国家の中枢に位置する存在でした。*

*しかしながらムハンマドは、西暦570年にアラビアの西南部に位置するマッカという、当時の世界の交易、芸術、学問の中心から遠く離れた町に生まれました」*

> 「人類の歴史において、ムハンマドを唯一比類ない人物とであると私に強く感じさせるのは、その世俗と宗教、両面におよぶ影響力の類いまれなる結合をもたらしたことにあります」
> マイケル・ハート

*これはアラビア語の「ムハンマド」の名前をデザイン化したものです。*

*「イスラームにおけるムハンマドの影響力は、キリスト教におけるイエス・キリストと聖者ポールの影響力を合わせたほど大きなものです。またムハンマドは人類史上、ことに宗教の分野において、イエス・キリストと同じくらいの影響力をもちました」*

## 指導者としてのムハンマド

**フランスの作家であり政治家のアルフォンス・ド・ラマルティーヌは著書『Histoire de la Turquie』の中で、次のように述べています。**

*「もしも目標の偉大さ、財力の乏しさ、成果の大きさが人間の才能の三つの尺度であるとするならば、ムハンマドと肩を並べるほど偉大な人物は存在するでしょうか」*

*「計り知れないほどの大きく崇高な目的を達成すべく、物質的、視覚的に作られた偶像崇拝が混在する混沌の中、人間と創造主の間に打ち立てられた偶像崇拝を根底から否定し、唯一神の崇拝という合理的で高尚な形を復活させることに尽力した者は、自発的にせよ非自発的にせよムハンマドの他に存在しないでしょう。また彼のように、短期間で途方もなく大きな影響を与え革命を成し遂げた者はいないでしょう」*

またラマルティーヌは、ムハンマドは武器や強権ではなく、理念や信条や精神力を用いて現実の力を得たと指摘しています。そして1冊の書物、その一つ一つが法となる書物によって、世界中のあらゆる人びとと民族を包み込む精神的な国家を築いたのです。

# 唯一神の使者、ムハンマド

## スラカーの物語
## 20年後の出来事の預言

西暦622年、ムハンマドが側近のアブー・バクルとともにマディーナへ移住した際、マッカの首長たちは、ムハンマドを生死にかかわらず連れ戻した者にラクダ100頭もの報償を与えるとの声明を出しました。

不運にもムハンマドと教友たちは、スラカー・ビン・マーリクというアラブの騎馬兵士に追跡されていました。スラカーは報奨を目当てにしていました。しかし、ムハンマドを追う途中、スラカーが乗る馬は何度もつまずき、ついに落馬しました。スラカーは異常な事態が続くのは、ムハンマドが何か神聖な力に支えられているからに違いないと考えました。

その後、スラカーがムハンマドに接近したとき、ムハンマドは「私があなた方のもとにいつか戻ることができるならば、ペルシャはイスラーム国家の傘下に入り、その支配者コスローズの腕輪をはめることができるであろう」と言いました。

スラカーは不思議に思い、それはイランの皇帝ホスロー・ビン・ホルムズのことを意味するのかとムハンマドに尋ねました。するとムハンマドは確信をもった表情でうなずきました。彼はイスラームがペルシャにまで伝わり、世界中に知れわたるであろうと強く信じていたのです。

スラカーはマッカに戻った後も、ムハンマドが平和的にマッカを征服する西暦630年までイスラームへ改宗しませんでした。

西暦632年、ムハンマドは他界しましたが、教友たちはムハンマドの約束がいずれは現実になると信じていました。

時が過ぎ、ウマル・ビン・アルハッターブが第二のカリフ（イスラーム国家の指導者）に就任しました。そして、西暦642年にイスラームはペルシャにまで到達し、ペルシャの皇帝ホスローの財宝はウマルの手に渡りました。

ウマルはスラカーの物語を覚えており、教友たちに彼を連れて来るようにとの指示を出しました（ムハンマドの預言から20年が経過しスラカーはすでに老いていました）。

集団礼拝の後、ウマルはスラカーに言いました。「ここにペルシャの皇帝ホスローの腕輪がある。これこそがまさにムハンマドがあなたに約束した物です。ムハンマドの約束が果たされたことを証明するため、これを身につけすべてのムスリムたちに見せなさい」。

スラカーは涙し、そこにいた者たちもすすり泣きました。ムハンマドの預言は彼が亡くなってから10年後に現実のものとなったのでした。

## カアバ神殿の鍵　永続的な約束

西暦630年、ムハンマドはマッカの首長たちに勝利し、マッカへ平和的に入りました。彼は故郷であるそこで余生を過ごすためではなく、多神教を打ち倒しカアバ神殿（唯一神を崇拝するために建築された立方形の建物）の本来の存在意義を回復するためにマッカへ戻ったのです。彼はカアバ神殿の周辺から偶像を一掃し、教友ビラールに対しカアバ神殿の上から次のように呼びかけるように言ったのです。

アッラーは偉大なり。アッラーは偉大なり。
アッラーのほかに神はなく、ムハンマドは神の使徒であることを私は証言します。

ムハンマドはカアバ神殿の鍵が必要であったため、鍵の管理者であったオスマン・ビン・タルハ（バニー・シャイバ族）を呼びました。イスラーム以前からバニー・シャイバ家がカアバ神殿の守衛となり、鍵の管理者であるという栄誉がバニー・シャイバ家に与えられていたことを知っておく必要があったのです。この名誉と責任は代々受け継がれ、オスマン・ビン・タルハが当時の管理人でした。

しかしオスマンはムスリムになってから日が浅く、以前はムハンマドを信じていなかったことから、ムハンマドがカアバ神殿に立ち入り礼拝することを拒否していました。しかしムハンマドがマッカに戻ったときにはムハンマドに鍵を返却する以外、オスマンに選択肢はありませんでした。

このとき多くの人びとはムハンマドに対し、オスマンに鍵を預かる名誉を引き続き与えてほしいと頼み込みました。そして何千人もの聴衆は、誰が次の管理者に任命されるか固唾をのんでムハンマドを見つめていました。

沈黙を破ってムハンマドはカアバ神殿の扉を開け偶像を一掃しました。そして彼はオスマンを見つめて言いました（以前の協定に敬意を払う形で）。

「今日は忠誠心と敬神の日である！　鍵を受け取りなさい。今から審判の日にいたるまで侵略者以外に誰もバニー・シャイバ家から鍵を奪うことはできません」

## 現在まで続く忠誠

驚かれるかもしれないが、カアバ神殿の鍵は現在もバニー・シャイバ家の子孫によって管理されています。

1400年以上たった現在でも鍵は代々受け継がれているのです。今なお鍵を奪おうとする者はなく、仮にそのようなことを試みる者がいるならば、ムハンマドが言い渡したように侵略者とみなされるのです。

今日でさえ、サウジアラビア政府がカアバ清掃など巡礼の準備を行うときには、サウジアラビアの一族であるバニー・シャイバ家の担当者に連絡し、神殿の扉を開けてもらっているのです。

## 私たちの時代の預言者ムハンマド

カレン・アームストロングは著書『私たちの時代の預言者ムハンマド』の中で、ムハンマドの多くの功績を理解するためには、彼の生涯について冷静な態度で臨むべきであると記しています。同時にムスリムに対してだけでなく、ヨーロッパの人びとにとっても学ぶべき多くの教訓がそこにはあると述べています。

ムハンマドは、戦乱に明け暮れていた暗黒のアラビアに、平和をもたらすために文字どおり身体を張って奮闘したのです。彼はその生涯を私利私欲、不平等、不遜などに立ち向かうことに捧げたのでした。

カレンは、人類が大きな不幸を避けようとするのであれば、イスラーム諸国と西洋諸国は互いに寛容であるだけでなく理解しあうことが肝要であり、そのことを１４世紀も前に示したのがムハンマドという人物だったと述べているのです。

サウジアラビアのマディーナにある預言者ムハンマド・モスクの金細工が施された扉

# イスラーム美術、書道そして建築

オマーンのスルタン・カブース・グランド・モスク　撮影ピーター・ゴールド

イスラーム美術と書道　バーレーン　▲

## デジタル作家　ピーター・ゴールド

シドニー生まれのデザイナーでありデジタル作家のピーター・ゴールドは、現代グラフィックデザイン、美術、写真への情熱と上質な視覚的かつ精神的なイスラームの伝統を探究するため「アザーン」(www.azaan.com.au)を設立しました。彼のイスラーム諸国各地におよぶ旅行と調査は、創作にヒントを与え、紛争が絶えない世界への平和の祈りを示しています。彼の作品は展覧会や他の作家たちとのコラボレーションを通して内外の多くの人びとに知られています。

## 本田孝一（日本）

日本人アラビア書道家。1946年生まれ。1969年東京外国語大学、アラビア語学科卒業。大東文化大学国際関係学部教授。

本田氏は2000年、トルコのハッサン・チェレビー師より書道印可（イジャーザ）を授与されました。以来、同氏は中東や日本、欧米の数多くのアラビア書道展に出展し、高い評価を受けています。

本田氏はアラビア書道に見せられている。日本や中国の書道と異なり、文字全体の形をも表すアラビア書道は、円や楕円形にその特徴があります。これはアラビア文字の書き方がより柔軟なこと、そして幾何学紋様などを描くとき文字を伸縮自在に使うことができるからです。

現在、本田氏は日本におけるアラビア書道の第一人者であるだけではなく、世界で最も有名なアラビア書道家の一人です。2005年、ロンドン・大英博物館の「イジャーザ展」に招待参加している他、彼の作品は多くの権威ある賞を受賞しています。

## 東京ジャーミイ・トルコ文化センター

幾何学模様やアラビア語の文字の装飾が美しい、オスマン・トルコ様式の日本最大級のモスク。年中無休、午前10時から午後6時まで開館、見学自由。土曜日、日曜日の午後2時30分からは東京ジャーミイ見学ツアーが行われている。

〒151-0065 東京都渋谷区大山町1-19　TEL.03-5790-0760 FAX.03-5790-7822

http://tokyocamii.org　info@tokyocamii.org

## 佐川信子（日本）

著名な日本人女性アラビア書道家。大学で美術を専攻した後、東京のアラブ・イスラーム語学院でアラビア語を学習。その後、ダマスカスに留学し高名なシリア人書道家に弟子入り、書家としての資格免許を取得。個展や大学での講義を通して日本にアラビア書道とイスラーム文化を紹介しています。平仮名や漢字とのコラボレーション作品も創作しています。

「われは、全人類への吉報の伝達者
また警告者として、
あなたを遣わした」

聖クルアーン第34章28節

## ハッジ・ヌール・ディーン（中国）

1963年山東省生まれ。ハッジ・ヌール・ディーンは、漢字とアラビア語の書道を結び付けることに成功した最も名高い中国の書道家の一人。

上の作品は「アッラーの他に神はなく、預言者ムハンマドは神の使徒である」。
下のドームを模した作品は「ムハンマドはアッラーの使徒である」という
信仰告白の言葉によって形作られています。

## ピーター・サンダース（イギリス）

ピーター・サンダースは1960年代半ばから活躍するイギリスの写真家で、世界各地で撮影した2500点以上もの写真を発表しています。彼の最初の写真集「In the Shade of the Tree」では、素晴らしいムスリム文化の多様性を認識することができます。サンダースはモロッコ政府により、モロッコの重要なモスクやイスラーム建築を記録する写真家に選ばれました。

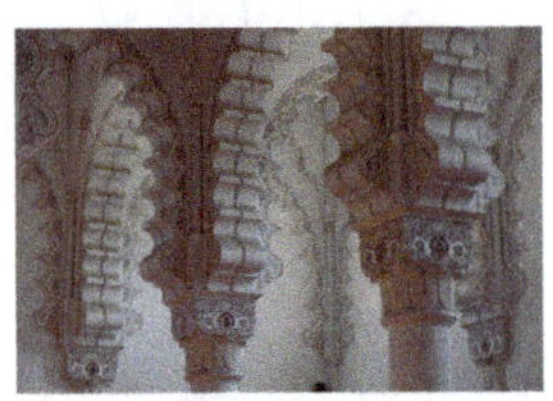

## ハサン・チェレビ（トルコ）

世界でもっとも著名なイスラーム書道家の1人です。1976年にイスラーム書道を教え始めて以来、世界各国の40人以上の生徒たちに「イジャーザ」（イスラーム書道の資格）を与えています。彼の秀逸な作品は世界の歴史的に有名なモスクに展示されています。サウジアラビアのムハンマド・モスク、クバー・モスク、イスタンブールのブルー・モスク、ドイツのプロッツェイムのファーティフ・モスク、南アフリカのヨハネスブルグのジュムア・モスク、カザフスタンのアルマティ・モスク、クウェート・イスラミックメディカル・センターなどで彼の作品を鑑賞することができます。

## モハメッド・ザカリヤ（アメリカ）

アメリカ人書道家のザカリヤは卓越したイスラーム書道芸術大使です。19歳のときモロッコやスペイン、さらに英国でアラビア・イスラーム書道を学び、トルコのイスラーム書道界において二つの免許を取得した最初のアメリカ人です。アメリカで発行された郵便切手「イード・グリーティング」のデザインを手がけたことでもよく知られています。主として、伝統的なアラビア書道とオスマントルコ風の書を書き続けています。

この作品はクルアーンの一節を表したものです。
「善いことへの報いは、善いことではなくてなんであろう」聖クルアーン第55章60節

## ヌーリーヤ・ガルシア・マシップ
（スペイン）

スペインのイビザ出身の女性書道家。アメリカのジョージワシントン大学で文学学位を取得した後、モロッコでイスラーム芸術を学び、その後トルコに移り、2007年にイスラーム書道の資格を取得しました。彼女は現在、米国、モロッコ、トルコ、ヨーロッパ、南アフリカ、中東などで、展示会やワークショップを通して書道のキャリアを積んでいます。彼女の作品は古典の書を美しいデザインで蘇らせています。

## サルバ・ラスール（インド）

1985年にムンバイで応用芸術の資格を取得しました。元のアラビア語と近代的な図柄をバランス良く保ちながら、さまざまなジャンルを合体させます。彼女はテラコッタ、セラミック、陶器、ガラス、革製品などを取り入れた独創的な作品で知られています。

**慈悲あまねく慈愛深きアッラーの御名において**

*「万有の主、アッラーにこそ凡ての称賛あれ、慈悲あまねく慈愛深き御方、最後の審きの日の主宰者に。わたしたちはあなたにのみ崇め仕え、あなたにのみ御助けを請い願う。わたしたちを正しい道に導きたまえ、あなたが御恵みを下された人びとの道に、あなたの怒りを受けし者、また踏み迷える人びとの道ではなく」*

（聖クルアーン第1章）

**この作品はムスリムたちが日々の礼拝で唱える最初の章を描いています。それは開端章（アル・ファーティハ）と呼ばれています。**

## アフマット・ソニ（南アフリカ）

彼は南アフリカ・イスラーム芸術協会の設立者で、その作品を通してアラビア書道とアフリカ文化の融合に成功したと言われています。アフリカのヌデベレ族によって描かれてきた色鮮やかな幾何学模様を特徴とするヌデベレ・アートを技法としました。

これはアラビア語のクーフィー体をヌデベレ・アートで修飾した聖クルアーンの第１章（アル・ファーティハ）です。

◀ アラビア語で全能なるアッラーを讃えた美術作品。その意味は栄光と称賛はアッラーのもの、アッラーの他に神はなく、アッラーは最も偉大なりです。伝統的なアラベスク模様と現代的なデザインの融合に成功しています。アラビア文字が象牙のように伸びています。

## ファリード・アル・アリー（クウェート）

クウェート・イスラミック・アートセンターの理事であり、独創的なデザインにより中東でもっとも著名な書道家の一人です。2005年には「ムハンマディーヤート」という「ムハンマド」というアラビア語の単語をデザインして描いた500もの作品を発表しました。それらの作品は歪曲、四角、六角形、八角形など11のグループに分けられています。また、「ムハンマディーヤート」に似た作品を「アッラー」という単語で作成しています。

## ムハンマド・マンディ（アラブ首長国連邦）

ユニークな経験と独創的なデザインで彼の作品は、アラブ首長国連邦をはじめ数多くの国の紙幣やパスポートに用いられています。さらに、アブダビのシェイク・ザイード・グランドモスクをはじめとする世界の多くのモスクの書道デザインを手がけています。

これは「ムハンマド」というアラビア語の文字を単独でデザインしたものです。マンディによってデザインされた作品の中でも有名なものであり、「ムハンマド」という単語がアラビア語と英語を調和させて芸術的に描かれています。

MU
HA
MM
AD

MUHAMMAD

MUHAMMAD

**シェイク・ザイード・グランドモスク**（アブダビ、アラブ首長国連邦）
アラブ首長国連邦で最も大きく世界でも8番目に大きいモスクです。モスクの敷地は野球場五つ分ほどにおよび、4万人もの人びとが同時に礼拝できるとされています。

このモスクは82個のドームと107mもの高さのミナレットを４本持っています。その内部には5627㎡という世界最大のカーペットが敷かれ、高さ15m、直径10mの世界最大のシャンデリアが飾られています。このモスクはアラブ首長国連邦の中で最も有名な観光地の一つとなっています。

**ジュメイラ・モスク**（ドバイ、アラブ首長国連邦）
現代イスラーム芸術で飾られたドバイで最も魅力的なモスクです。

**キング・フセイン・モスク**（アンマン、ヨルダン）
現代イスラーム芸術と書道で飾られたアンマンで最大級のモスクとして2005年に開設されました。4本の正方形のミナレットを持つモスクは海抜1000mの丘の上に建ち、ここからはアンマンの町が一望できます。

## アハマド・アル・ファテフ・ モスク（バーレーン）

バーレーンの首長シェイフ・イーサ・ビン・サルマーン・アル・ハリーファによって1988年に創建されました。広さは6500㎡におよび、7000人もの信者が礼拝することができ、イスラーム建築様式とバーレーンの文化遺産が反映されています。

**アル・アクサー・モスク**（エルサレム）

ムスリムはこのモスクが、唯一神を信仰するために地上に建てられた2番目に古いモスクだと信じています。最初に建てられたのはマッカの聖モスクです。アル・アクサー・モスクはムスリムにとって聖地の一つであり、最初のキブラ（礼拝のときの方角）でした。クルアーンが啓示された後に、キブラはカアバ神殿(唯一神の崇拝のために預言者アブラハムによって建てられた立方体の建物)へ移されました。

アル・アクサー・モスクの総面積は14万4000㎡におよび、「キブリー マスジド」(通常イマームが礼拝を先導する所)と「岩のドーム」という二つの重要な礼拝所があります。

## 岩のドーム（エルサレム）

岩のドームはイスラーム寺院兼モスクで、西暦688年から692年の間にウマイヤ朝カリフであったアブドゥル・マーリク・ビン・マルワーンによって、ムハンマドが天国へ昇天した場所であるとムスリムが信じる場所に建設されました。建物は直径29.4mの八角形をしています。

**ウマイヤド・モスク**（ダマスカス、シリア）

ウマイヤド・モスクは西暦706年から715年に、ウマイヤド朝のカリフであったアル・ワリードにより建設されました。モスク内部は4000㎡におよび、イスラームの建築史上、最大かつ最古のモスクの一つです。

このモスクはバプティスト派の聖者ジョーン(アラビア語では預言者ヤヒヤ)の頭部が埋葬されていると信じられている寺院を有しています。2001年には、ポープ・ジョーン・ポール2世が聖者ジョーンの聖廟を訪れるために、ウマイヤド・モスクを訪問しました。最西端にあるミナレットは、イエスが復活するときにはこのミナレットの傍に降臨するであろうと多くのムスリムに信じられていることから、それはイエスのミナレットと呼ばれています。

**グレート・モスク**（サーマッラー、イラク）

このモスクはイラクのサーマッラーにあるモスクです。アッバース朝のカリフ、アル・ムタワッキルにより西暦848年に建設が開始され851年に完成しました。サーマッラーのグレート・モスクは当時最大級でした。マルウィヤの塔と呼ばれる高さ52m、幅33mのミナレットは螺旋式となっています。モスクには17の通路があり、壁には濃い青色のガラスでできたモザイクがあしらわれています。このミナレットにはバビロニアのジッグラト様式が用いられています。

**スルタン・アフメト・モスク**（トルコ）

このモスクは連なるドームと細長い6本のミナレットを持ち、「ブルー・モスク」の名で知られています。17世紀にオスマン帝国のスルタン・アフメトの命を受け、1609年に建設が始まり完成までに7年を要しています。

**アヤソフィア**（イスタンブール、トルコ）

もとはビザンチン朝の教会であったのですが、500年もの間、オスマン帝国のモスクとして運営されていました。現在は博物館として多くの観光客が訪れています。

عثمان
رضي الله عنه
حسن
رضي الله عنه

**タージ・マハル**（アクラ、インド）

タージ・マハルはモスクではなく、ムガル帝国の第五代君主シャー・ジャハンが妻を哀悼するために建てた霊廟(イスラーム建築の墓地)です。その特徴的なデザインから世界で最も有名な観光地の一つとなっています。

▲ ジャーマー・マスジド（ニューデリー、インド）
1656年に建てられたインド最大のモスクです。
▼ レッドフォート（アクラ、インド）

▲ ファイサル・モスク（イスラマバード、パキスタン）　ラホール・フォート（パキスタン）▼

▲ スター・モスク（ダッカ、バングラデシュ）　オーバーン・ガリポリ・モスク（シドニー、オーストラリア）▼

▲ スルタン・モスク (シンガポール)　スルタン・ウマル・アリ・サイフッディーン・モスク (ブルネイ) ▼

▲神戸ムスリム・モスク（日本）　パッタニーのモスク（タイ）▼

▲ **クリスタル・モスク**（クアラトレンガヌ、マレーシア）
このモスクは大部分がガラスでできています。ワンマン島のイスラーム遺産公園内にあり、2008年に開設されました。

**プトラジャヤ・モスク**（マレーシア）▼

▲ クアンタン・モスク（クアンタン・モスク）　ペラックにあるモスク（マレーシア）▼

**アル=アズハル・モスク**（カイロ、エジプト）
西暦971年に設立され、現在も運営される世界最古の大学(西暦988年)とつながっています。

**アフマド・イブン・トゥルン・モスク**（カイロ、エジプト）

西暦879年に完成した世界最大級のモスクです(26,318㎡)。 美しい建築と個性的なデザインのミナレットが注目されています。

**コルドバのメスキータ**（スペイン）

メスキータはスペイン語でモスクを意味します。8世紀に、コルドバ首長アブドゥル・ラフマーン2世(822-852)の指揮によりイスラーム建築のデザインを用いて建てられました。現在はコルドバの大聖堂となっています(聖母マリアの公式大聖堂)。

**アルハンブラ宮殿**（スペイン）

「赤い要塞」とも呼ばれ、ムスリムであったスルタン・グラナダ(1353-1391)の統治時代に建設された城郭兼要塞です。現在、スペインでもっとも多くのイスラーム建築物が見られる主要な観光名所になっています。

注釈：アルハンブラ宮殿の中でも、ローマ帝王チャールズ7世の城は西暦1527年に建築されました。

**ハッサン2世モスク**（カサブランカ、モロッコ）

このモスクはフランス人デザイナーのミシェル・ピンソーによるデザインで1993年に完成しました。ミナレットは世界で最も高く210mにもなります。夜になるとミナレットの頂きからマッカの聖モスクの方角へ向けてレーザー光線が灯されます（2万5千人の収容が可能）。

**カラウィーン・モスク**（フェズ、モロッコ）

西暦987年に建設されたカサブランカのハサン2世モスクに次ぐモロッコで2番目に大きなモスク。フェズの最古のイスラーム建造物でもあります。このモスクには世界最古の大学の一つが併設されています。

▲ キプチャク・モスク（アシハバード、トルクメニスタン）　アザーディー・モスク（アシハバード、トルクメニスタン）▼

▲ シェルドル・マドラサ（サマルカンド、ウズベキスタン）　ブハラにあるモスク（ウズベキスタン）▼

**グランド・モスク**（パリ、フランス）
フランス最大のモスクです。第一次世界大戦後に創建されました。

注釈：イスラームでは一日に5回礼拝に立ちます。以下はアザーン（礼拝の呼び掛け）の言葉の翻訳です。それぞれ2回ずつ唱えられます。「アッラーは偉大なり」、「アッラーの他に神はないことを証言します」、「ムハンマドはその使徒であることを証言します」、「礼拝に来なさい」、「成功のために来なさい」、「アッラーは偉大なり」、「アッラーの他に神はなし」

**ペンツベルクのモスク**（ドイツ）
ミナレットには礼拝を呼びかける「アザーン」が刻まれています。このアラビア書道のデザインは、国際的受賞者ムハンマド・マンディ氏によるものです。

西安大清真寺（西安、中国）

▲ グランド・モスク（インドネシア）　回教モスク（寧夏回族自治区、中国）▼

▲ **アウワル・モスク、ボカアップ**（ケープタウン、南アフリカ）
南アフリカで1794年に建てられた最初のモスクです。

▼ **クドス・マスジッド、ゲテスビル**
（ケープタウン、南アフリカ）

▼ **イザミヤ・モスク、ミドランド**
（ヨハネスブルグ、南アフリカ）

▲ ブルキナファソのボボ・デュラッソにあるモスク　ジェンネ・モスク（マリ）▼

ジェンネ・モスクは世界最大の泥で作られたモスクです。近くから見ても遠くから見ても華麗で、非常に印象的です。ジェンネの住民たちは年に2度、近くのバニ川から泥を運び、総出でモスクの壁を塗り替えます。

# 参考文献

Abdul Ghani, M. Ilyas, (2003). The History of Al-Madinah Al-Munawwarah, Rasheed Publishing, KSA

Adair, John, (2010). The Leadership of Muhammad. Kogan Page, UK

Ahmad, Mumtaz, (1996). Islam and Democracy: The Emerging Consensus; Middle East Affairs Journal,

Al-Maghluth, Sami, (2008). The Historical Atlas for Prophet Muhammad Life. Obaikan, KSA

Al-Mutawa, Jassem, (2001). The Wives of the Prophet in Contemporary Time. Kuwait

Al-Mubarakpuri, Safi-ur-Rahman, (1996). The Sealed Nectar: Biography of the Noble Prophet Muhammad, Darussalam, KSA.

Al-Zayed, Samirah, (1995). The Inclusive Book About Prophet Muhammad's Life, The Scientific Press, First Edition, Syria

Armstrong, Karen, (2002). Islam: A Short History. Harper Collins, New York, USA

Armstrong, Karen, (1992). Muhammad: A Biography of the Prophet. Harper Collins, New York, USA

Armstrong, Karen, (2007). Muhammad: A Prophet for Our Time. Harper Collins, New York, USA

Al-Nawawi, Y.S., (2003). Riyadh Al-Saliheen. Authentic Sayings of Prophet Muhammad, Arabic Cover –Cairo, Egypt

As-Sallaabee, Ali Muhammad, (2008). The noble life of the Prophet, Darussalam, KSA

Bukhari, Mohammad Bin Ismael, (1997). Saheeh Bukhari, Dar Al Afkar, Amman, Jordan

Hammad, Ahmad Zaki (2007). The Gracious Qur'an: A Modern-Phrased Interpretation in English, Lucent Interpretations, IL, USA

Hart, Michael, (1992). The 100; A Ranking of the Most Influential Persons in History, Carol Publishing Group. N.J., USA

Islam, Yusuf, (1995). The Life of the Last Prophet, Darussalam, KSA

Khalidi, Tarif (2009). Images of Muhammad: Narratives of the Prophet in Islam Across the Centuries. Kindle Edition

Khan, M. Muhsin, (1985). Sahih Muslim –English Translation, 4th Ed, Beirut, Lebanon

Montgomery Watt, W.(1974). Muhammad: Prophet and Statesman. Kindle Edition

Pickthall, Marmaduke (2006). The Qur'an Translated: Message for Humanity – The International Committee for the Support of the Final Prophet, Washington, USA

Ramadan, Tariq, (2009). In the Footsteps of the Prophet: Lessons from the Life of Muhammad, Oxford, UK

Saheeh Int. (2004). The Qur'an English Meanings. Abul-Qassim Publishing –Al Muntada Al-Islami-Jeddah, KSA

Sultan Sohaib N., Ali, Yusuf Ali, and Smith, Jane I. (2007). The Qur'an and Sayings of Prophet Muhammad: Selections Annotated & Explained (Skylight Illuminations)

Wolfe, Michael & Kronemer, Alex (2002). Muhammad: Legacy of a Prophet (DVD - Dec 18, 2002)

## NOTES

www.ingramcontent.com/pod-product-compliance
Lightning Source LLC
LaVergne TN
LVHW010856110826
845149LV00005B/1410

* 9 7 8 0 9 8 7 5 8 9 1 7 0 *